经史杂谈

张浩 —— 著

陕西师范大学出版总社　西安

图书代号　SK24N1311

图书在版编目（CIP）数据

经史杂谈 / 张浩著. — 西安：陕西师范大学出版
总社有限公司, 2024.8
　　ISBN 978-7-5695-4076-5

Ⅰ.①经… Ⅱ.①张… Ⅲ.①中国历史 Ⅳ.①K20

中国国家版本馆CIP数据核字（2024）第010701号

经史杂谈
JING-SHI ZATAN

张　浩　著

出 版 人	刘东风	
责任编辑	尹海宏	
责任校对	刘　定	
特约编辑	邢美芳	
封面设计	梵　一	
出版发行	陕西师范大学出版总社	
	（西安市长安南路199号　邮编710062）	
网　　址	http://www.snupg.com	
印　　刷	西安市建明工贸有限责任公司	
开　　本	880 mm×1230 mm　1/32	
印　　张	10.625	
插　　页	4	
字　　数	180千	
版　　次	2024年8月第1版	
印　　次	2024年8月第1次印刷	
书　　号	ISBN 978-7-5695-4076-5	
定　　价	88.00元	

作 者 简 介

　　张浩，1984年出生于甘肃天水，博士毕业于北京师范大学化学学院。目前就职于西北民族大学生命科学与工程学院，主要讲授生物化学相关课程，从事计算生物学领域的科研工作。

　　古典型科研工作者，注重学识的积累和融通，关注基础科学问题。在自然科学领域，提出"酶催化反应机理的进化"理念，在这一方向的研究已经初具规模，在外文学术期刊(收录SCI)上发表一作及通信作者论文近十篇。在人文科学领域，学习中国传统哲学与历史，经书史书杂而治之，或以"经"解"史"，或以"史"释"经"，略有所得。

序

❈

　　《经史杂谈》，其意大约有二：一是源自"刚日读经，柔日读史"之法，经书史书杂而治之，相辅而成；二是因少时受惑于时，不知历史妙趣，及近而立才恍悟读史之大用，又受教于清吴乘权读史之法，贵在全身血脉上下流通，故"经"又有经略贯通之义。

　　中华文字重在取象。何为取象？"八卦"与《周易》的观象设卦最能说明问题：圣人俯仰天地，近取诸身，远取诸物，而拟诸其形容，象其物宜，是谓取象。简体文字出现于特定的历史时期，增强了文字的流通属性，却减损了文字的取象属性。这或是时代的需求，也是中华文字的宿命，但着实削弱了文字所承载的中华文明之精髓。

　　余崇尚"道德"。德者，天地万物之所动；道者，天地万物之所以动。余读史治史少以儒学、名教，而多以道学、易学杂而治之，是以越名教而任自然，重在品察个人安身立命与家国兴衰更迭之理。有言"立功在命，立德在己"，余深以为然。修身立德乃人之要务，而读史实乃立德之大课。

本书以《纲鉴易知录》为纲纪，辅以《资治通鉴》，索引诸正史，只求大略，无拘小节。余以为历史大势尚有迹可循，细节则随机莫测。或有人执着于历史细节的真实性，又曰："细节定成败"，盖其偏重不同，无须争辩。天道混沌，人道亦然；察察则愈远，昏昏则几近。

本书依照《纲鉴易知录》，以干支纪年，注以公元年；以夏历（农历）纪月。然而因王者易姓受命而改正朔，夏正、殷正、周正各不同，而秦正以十月（建亥）为岁首，至汉武帝时期造太初历，复用夏正，以春正月为岁首，自汉以后各代沿袭之。

余慕古朴之风，从简易之道，故而文风尚简。历史固有不确定性，然自《晋书》起，适逢乱世，中华涂炭，国土崩裂，朝代促迭，经纬错综。历史记载颇多不经，更有"秽史"为其甚者，实难采信。私以为多言反惑，少言则得，是故文至于此又简之又简。全书起于三皇，止于隋末，时意兴阑珊，自觉历史混沌，强自以经线贯穿，恐过犹不及也。故搁笔于此，晦养数年，静心读书，待意境鼎革，再行续笔。

我祖籍周至，生长于天水，而今生活于兰州。自古关中、陇右、河西出文武双全之辈，西北男儿自有质朴豪爽的一番风采，地理文化属性也。

张　浩

2021年10月25日题于金城兰州

全书经略

重耳亡归，晋霸诸侯；赵盾弑君，强卿专权；一鸣惊人，问鼎中原；岸贾矫诛，赵氏遗孤；吴越相争，系于仇怨；孔子反鲁，修得大成。

战国
约前450年起

※ 三家分晋，遂启战国；商鞅变法，功成身死；苏秦张仪，纵横捭阖；范雎相秦，远交近攻；长平一战，睥睨六国。

秦纪
约前249年起

※ 秦吞二周，周祀是绝；不韦相国，奇货可居；郑国修渠，意在疲秦；李斯浅德，王翦有终；始皇嬴政，一统天下。

秦政暴虐，二世取亡；陈涉首难，豪杰蜂起；刘（邦）兴闾间，项（羽）出将门；破釜沉舟，作壁上观；汉王入关，功归项羽；衣锦还乡，号称霸王。

暗度陈仓，还定三秦；鸿沟议和，楚汉分界；乘胜追击，合围垓下；自矜功伐，引咎于天。

汉纪
约前200年起

※ 汉初三杰，各有所长；刘敬一说，建都关中；以秦为鉴，分封宗室；兔死狗烹，异姓勿王。

高后称制，残害宗室；萧规曹随，清静无为；陈（平）周（勃）相结，刘氏可安；一呼百应，军士左袒；吕氏逆命，祸盈斯验。

周勃免相，自遗其咎；南越归心，儒士进用；晁错言兵，冯唐论将；孝文仁治，胜残去杀。

七国作乱，晁错枉死；亚夫平叛，矜功自伐；善始难终，君子好谦。

仲舒对策，独尊儒术；酷吏用事，意在强权；北击匈奴，西求身毒；武功盖世，疲敝中国；李广可叹，汲黯独贤；绣衣肆虐，太子蒙冤；老来昏聩，谥号曰武。

介子立功，大国失德；霍光废立，可比伊尹；将军骖乘，芒刺在背；宣帝怀柔，霍氏伏诛。

龚遂平盗，魏相止兵；充国不老，轻取羌夷；恩威并施，令班西域；君明臣贤，孝宣中兴。

元帝好儒，始乱汉家；禹贡谏言，有辱贤名；宦官擅权，萧傅饮鸩；匡衡为相，无所称善。

无功封侯，王氏始兴；扬雄好学，名于后世；嬖幸赵氏，醉思殷纣；老臣慰藉，奈何外戚。

汉纪附王莽
约1年起

王莽当权，大奸似忠；孔光谄媚，明夷保身；弑君篡位，大盗窃国；新朝施政，荒诞悖乱。

严尤三策，后世称道；拥立诸刘，共匡汉室；兵破昆阳，光武立名；韬光养晦，隐丧如常。

汉军诛莽，身首异处；邓禹择主，千里赴会；困约蓟城，群贤毕集；进拔邯郸，略有河北；萧王辞召，决计天下；推心置腹，拥据河内。

东汉纪

※

光武称帝，定都洛阳；分封功臣，阴氏谦让；失之东隅，收之桑榆；径击延岑，平定关中。

隗嚣观望，窦融举足；耿弇平齐，志者事成；轻取天水，得陇望蜀；痛失来（歙）岑（彭），公孙族灭；九州既定，功勋善退。

郭后废黜，恭王三让；西域请护，匈奴款塞；息兵养民，羁縻安边；光武勤政，乐此不疲。

明德马氏，承父阴德；云台表功，二十八将；楚王好佛，难免业报；深入虎穴，威震西域；班氏家风，后人敬仰。

孝章新立，宽厚为政；马氏谦退，窦氏浸盛；孔氏衍圣，尤有遗风。

勒功燕然，难免鼎折；诸生（邓后）大家（班昭），幽闲有容；盘根错节，可别利器；邓去耿继，外戚沉浮。

宦官作威，将军跋扈；时政弥惛，士风愈盛；皇权震畏，污名党人；天道有常，莫罪桓灵。

弘农杨氏，积善之家；黄巾起祸，华夏崩沸；何（进）袁（绍）引狼，董卓立献。

吕布倒戈，群雄割据；挟持天子，以令诸侯；二袁颠覆，北方有属；兄终弟及，东吴定策；隆中作对，天下三分。

孙刘联盟，赤壁退曹；荀彧忧薨，君臣志异；背信取蜀，启衅于吴；智取汉中，蜀汉称王；羽铩荆州，曹魏得利。

魏纪
约220年起

曹丕篡汉，何论正闰；兴兵寻仇，饮恨猇亭；白帝托孤，武侯受命；务农息民，重修旧好；南定诸夷，北图关中；力竭身死，英雄涕泣。

颍川陈氏，建德如偷；魏室孱弱，曹爽难堪；司马之心，路人皆知；钟会异志，邓艾冤死，刘禅降魏，乐不思蜀。

晋纪
约265年起

晋武篡魏，以孝制臣；平定东吴，功归羊祜；戎狄不防，祸患萌生；魏鉴不远，封建宗室。

贾后淫壮，三杨覆灭；惠帝痴愚，王权散失；太子登退，八王争立；华亭鹤唳，莫荣以禄；刘渊称汉，志效（汉）高（魏）武；慕容单于，勤王讨逆。

东晋纪
约317年起

愍帝既弑，东晋续祀；裴嶷去就，为士启行；王马天下，功高主震；伯仁之死，千古一叹；元帝恭俭，苟延晋祚。

庾亮失人，苏（峻）起山头；陶侃勤王，桓文之勋；石勒武夫，难得自知；桓温平蜀，朝廷忌惮。

千里伐秦，未知其心；王猛辅（苻）坚，可比孔明；谢安应征，东山再起；沈劲殉国，足雪父耻。

燕晋相争，秦兵在后；吴王（慕容垂）奔秦，燕是以亡；王猛仓俎，逐鹿失虞；投鞭断流，草木皆兵；风声鹤唳，一败涂地。

南北朝
约420年起

温玄废帝，刘裕承袭；宋代晋祚，南北分庭；崔浩相魏，徐（羡之）傅（亮）谢（晦）逆；宋起衅端，（到）彦之败还；忌杀（檀）道济，凉土归魏；宋廷多事，长江饮马。

萧齐代宋，魏承水德；拓跋志高，迁都洛阳；夏夷融合，王肃北归；步步生莲，萧梁代齐。

尔朱起兵，血染河阴；政权衰败，魏分东西；高洋称齐，西梁臣（西）魏；宇文立周，后庭花谢。

隋纪
约581年起

周主擒齐，隋文偷功；一衣带水，宇内归一；杨广篡位，三击高丽；天殃人灾，群雄倡应；宇文弑君，李唐始兴。

后记

意兴阑珊，搁笔于此；鼎新革故，再行续笔。

2018年2月25日　下午记（三皇纪）

三皇之时的历史记载，若虚若实，但总结了中华文明的从无到有。

盘古氏，文明始于混沌。

天皇、地皇，形成对天地的朦胧认知，包括日行纪年、月行纪月、地行纪日。

人皇，人之所以谓之人。

有巢氏，构木为巢；燧人氏，钻木取火；其间又有结绳记事。因史料匮乏，难以辨其时序。司马迁曰"五帝、三代之记，尚矣"，更何况三皇之时。

然后，承接太昊伏羲氏，开启华夏文明。

2018年2月26日 下午记（五帝纪）

及至伏羲氏，历史记载始有明确的地理区域，史有信。

教民佃渔畜牧，标志着食物来源从原始的狩猎开始转变为畜牧。

画八卦，子曰："古者包牺氏之王天下也，仰则观象于天，俯则观法于地，观鸟兽之文与地之宜，近取诸身，远取诸物，于是始作八卦，以通神明之德，以类万物之情。"

造书契，书制有六："一曰象形，二曰假借，三曰指事，四曰会意，五曰转注，六曰谐声。"

画八卦、造书契，实乃中华文明奠基之石。"八卦"清楚展现了中华文明的特征：浑然一统，将天地之理统一于阴阳；包融并兼，将万物之象概括为八卦之象。"八卦"观象设卦的思维亦是文字的根本——观象拟形，而遵循六书的"书契"体现了文字的易变衍生之法，此乃中华文字之纲纪。虽"八卦、书契"之实难以考证，但观伏羲氏之后历史记载（地理迁移、时间顺序）明显清晰，事件翔实，人物事迹合理性强，可反推知"八卦、书契"成于伏羲，庶几近焉。

作甲历，定四时，起于甲寅，支、干相配，为十二辰，六甲而天道周矣。岁以是纪，而年不乱。月以是纪，而时不易。昼夜以是纪而人知度，东西南北以是纪而方不惑矣。大可如此猜想：三皇时期就已有年、月、日的初步认知，随着日积月累的积淀，时至伏羲氏，归纳总结出一套成熟的历法系统。

正姓氏，制嫁娶，是极重要的文明符号。《左传》曰："天子建德，因生以赐姓，胙之土而命之氏。"故姓用于区别血缘关系，氏用于区别（地理）文化根源。后盖因人迁徙频繁、交流密切，姓氏文化属性难以区分，故合而为一。

三皇时期，所谓母系社会，人类文明之初，首先意识到牝母的生育能力，人只知其母不知其父，因生而作姓。至伏羲时期，生存方式改变，人类落土生根，依土而居，胙土而命氏。男性在依土而居的生产活动中价值突显，形成所谓父系社会，姓逐渐由从母改为从父。在此背景下正姓氏、制嫁娶，乃至于家族文化形成。再从家族文化，演化到五帝时期的邦国文化，形成以血亲宗法为依赖的帝位传承。姓氏是家族文化的根源，而后才有基于姓氏的邦国文化，继而有"（以）国（为）家"之说。

2018年2月27日　晚记（五帝纪）

炎帝神农氏，育于姜水（即岐水，源出陕西岐山县北岐山），故以姜为姓，从河南陈（今河南周口市淮阳区）迁都至山东曲阜。始教民艺五谷，而农事兴焉，农耕文明使人居有定所；尝百草，制医药，也是与农耕文明相伴相生，故号神农氏。以火德代伏羲氏治天下，故曰炎帝。

始为日中之市，致天下之民，聚天下之货，交易而退，各得其所。由此可见当时人民财货富足而有余，物质生活有了明显提升。

炎帝传八世，至榆罔而亡，黄帝有熊氏立。其间黄帝与蚩尤之战，值得推敲。蚩尤，姜姓，与炎帝同属神农氏族；而黄帝，名轩辕，姓公孙（又姓姬），因国于有熊（今河南新郑市）号曰有熊氏，属于另一氏族。当时神农氏衰，诸侯互相侵伐，炎帝榆罔愈侵陵诸侯，诸侯愈叛之；而有熊氏日趋强盛，轩辕修德振兵，习用干戈，以征不享，诸侯咸来宾从，故而有炎帝与轩辕阪泉之战，轩辕三战而得其志。在此背景下，蚩尤是日渐式微的神农氏的佼佼者，代表着没落的神农氏最后的挣扎，而轩辕是日趋强盛的有熊氏首领，代表着新兴氏族的崛起，故而蚩尤与轩辕涿鹿之战依然是华夏部族领袖的更迭之争。蚩尤纵然武力超群，但最终与其说败于黄帝，不如说被历史前进的车轮碾碎。

黄帝命容成作盖天（察天文之器，即浑天仪）及调历。历法的形成，一方面是天文认知深度的体现；另一方面是社会形成一定规模后人民生产生活的内在需求。天文历法日趋成熟，凝结了古人俯仰天地的心得体会，是知行合一的重要体现。

《内经》相传成于黄帝，这一点有待商榷。自神农氏开创农业文明，尝试各种植物药性，外加华夏大地丰富多样的地理资源，经历几百年的积累沉淀，形成系统的医学是可能的；但是《内经》文字烦冗庞杂，以商周时期的甲骨文和金文可推知当时的文字载体应该也是类似甲骨一类的硬物，难以支持如此繁杂的文字记录，即使勉强记录亦不便于千百年流传。故《周易》文字之不厌简，《内经》文字之不厌繁，可见其先后。

黄帝相传有二十五子，其得姓者十四人，为十二姓。后经少昊、颛顼、帝喾、尧、舜、禹，帝位传承皆采取氏族内的禅让制，从夏禹之后，世袭制取代了禅让制，乃至于后来周朝有了宗法制，帝位传承始有正统之说。

2018年3月2日　下午记（夏纪）

丙子（前2205年），春正月，禹受帝舜之禅位，践天子位于安邑（今山西夏县西北）。仍以寅月（春正月）为岁首（依调历）。帝禹，姒姓，名文命，夏后氏，崇伯鲧之子，黄帝轩辕之玄孙。

壬寅（前1819年），帝发崩，子癸践位。夏后癸（谥号桀），能申钩索铁，负恃其力，不务德而武伤百姓。至于与妹喜的荒淫桥段，多为写末代君主的俗套，似真而伪。

甲子（前1797年），公刘迁国于豳（今陕西旬邑县西）。后稷，姓姬，名弃，善种谷物稼穑，教民耕种，因佐禹有功，受封于邰（今陕西武功县西），有《诗经·大雅·生民》为证，曰："厥初生民，时维姜嫄。""载生载育，时维后稷。"传至公刘迁国于豳。公刘虽在戎狄之间，复修后稷之业，务耕种，行地宜，自漆、沮渡渭，取材用，行者有资，居者有畜积，民赖其庆，百姓怀之，多徙而保归焉，周道之兴自此始，有《诗经·大雅·公刘》为证，曰："笃公刘，于豳斯馆。涉渭为乱，取厉取锻，止基乃理。"

乙未（前1766年），商王成汤伐夏桀，放之于南巢（今安徽巢湖市西南）。夏朝自禹起，经历十七主至桀亡，计四百三十九年（前2205—前1766年）。

春三月，商王成汤践天子位于亳（今河南商丘市东南），定都，建国号曰商。改正朔，以建丑月（冬十二月）为岁首。

辛丑（前1760年），祀弃为稷。社者，土地之主也；稷者，五谷之长也。共工氏之子，曰句龙，为后土官，能平水土，故祀以为社。烈山氏之子曰柱，能植百谷疏，自夏以上祀以为稷，因旱迁社（或因商代夏），以周弃代为稷祠。欲迁句龙，而德莫继，故作《夏社》。

丁未（前1754年），商王汤崩，伊尹奉其嫡孙太甲即位。

戊申（前1753年），太甲既立，不明厥德，颠覆汤之典刑，伊尹放之于桐宫（汤墓所，今山西万荣县西），乃自摄政当国，以朝诸侯。

庚戌（前1751年），冬十二月朔日，伊尹迎帝太甲于亳而授之以政。太甲居桐宫三年，悔过自责，处仁迁义，伊尹故归其政。太甲增修厥德，诸侯咸归，百姓以宁。伊尹嘉之，乃作《太甲训》三篇，褒帝太甲，称太宗。

庚子（前1401年），盘庚迁都于殷（今河南安阳市小屯村），改国号曰殷。帝盘庚之时，殷已都河北，盘庚渡河南，乃五迁，无定所。盘庚行汤之政，百姓由宁，殷道复兴。

戊子（前1293），殷王武丁伐鬼方（北胡），三年乃克，自是内外无患。北方缺乏天然屏障，而北方戎狄的游牧生活方式，深刻而长远地影响着华夏文明，是中华文化的重要组成部分。

丁酉（前1284年），周古公亶父生子季历。前1327年古公亶父因不堪戎狄侵扰迁都于岐（今陕西岐山县），改国号曰周，周自此开始强盛。《诗经·鲁颂·閟宫》曰："后稷之孙，实维大王；居岐之阳，实始翦商。"古公传少子季历，季历传子昌（文王）（前1185年）。

辛巳（前1180年），周西伯昌发政施仁，有祥瑞，凤鸣岐山。

丁巳（前1144年），殷王纣辛囚西伯昌于羑里。《易·乾卦》曰："或跃在渊，无咎。"西伯位渐尊高，近乎王道，然而未得其时，进退无位，故有此难，是谓"在渊"。切莫贪利冒进，不谬于果，则无咎（详参《宋本周易注疏》乾卦注疏）。

辛酉（前1140年），周西伯得吕尚，立为师。吕尚者，其先祖尝为四岳，佐禹平水土，虞夏之际封于吕，赐姓姜。吕尚实乃名门之后，当时，文化传承掌握在少数人手中，吕尚这样的定国安邦王佐之才出身名门，理所当然。

丙寅（前1135年），周西伯昌薨，世子发嗣，是为武王。

上午记（周纪）

　　乙卯（前1122年），春正月，周王发会诸侯于孟津，誓师伐商。二月，与商会战于牧野（今河南淇县西南）。商亡，右商二十八主，计六百四十四年。

　　周王发即位，国号曰周，复商旧政。改正朔，以建子月（冬十一月）为岁首，封纣之子武庚为殷侯，使管叔、蔡叔、霍叔监之。

　　大封建诸侯于天下。追思元圣，神农、黄帝、尧、舜、禹之后皆有分封；封功臣谋士，吕尚为首，封于营丘曰齐，周公封于曲阜曰鲁，召公奭于北燕，叔度于蔡，康叔于卫，等等。此时分封的诸侯大致就是东周列国的缘起。司马迁曰："殷以前尚矣。周封五等：公，侯，伯，子，男。然封伯禽、康叔于鲁、卫，地各四百里，亲亲之义，褒有德也；太公于齐，兼五侯地，尊勤劳也。武王、成、康所封数百，而同姓五十五，地上不过百里，下三十里，以辅卫王室。"

同时，归马于华山之阳，放牛于桃林之野，收藏兵戈，以示天下。商朝末年，殷王纣辛失道，朝纲荒废，民不聊生，武王伐纣，可谓顺天承运，而此时与民休息，偃武修文亦是顺应时势。

始定谥法，谥者，诔（诔：累列生平实行，若今之行状，诔之将以作谥）行立号以易名也。讳名立谥，贱不诔贵，幼不诔长，唯天子称天以诔之。以谥法为代表的成熟的礼法制度在周朝形成。如此繁杂的礼法背后是社会文明的经久积累，商周时期社会文明的形成，绝非朝夕之间，如若偏以实证之学验之，岂不浅薄？

武王访道于箕子，箕子陈《洪范》。盖《洪范》发于禹，箕子推衍增益以为篇，其中称述了帝王治理国家的九种大法。后箕子被封于朝鲜而不臣。

殷故臣伯夷、叔齐隐于首阳山，义不食周粟，饥饿而死，成一段忠义佳话。

迁都于镐。文王自岐迁于丰（沣河西岸），武王迁于镐（沣河东岸），丰镐在今陕西西安市长安区沣河两岸。

壬午（前1119年），夏，箕子朝周，过故殷墟，作《麦秀》之歌："麦秀渐渐兮，禾黍油油。彼狡童兮，不与我好兮。"殷之遗民闻之，莫不流涕。

乙酉（前1116年），冬十二月，周王发崩，世子诵（十三岁）践位。

2018年3月8日　晚记（周纪）

丙戌（前1115年），周公旦摄政，践阼而治，南面负扆，以朝诸侯。命周公元子伯禽代就封于鲁。周公戒之曰："我一沐三握发，一饭三吐哺，起以待士，犹恐失天下之贤人。子之鲁，慎无以国骄人。"

周公与召公奭分陕（今河南三门峡市陕州区）而治，自陕以西召公主之，自陕以东周公主之。

戊子（前1113年），管叔、蔡叔、霍叔与武庚叛，奄（今山东曲阜）、淮夷、徐戎皆叛。周公东征，讨武庚而诛之，封微子启于宋，以绍殷后。平定三监之乱，遂定奄及淮夷，东土以宁。周公东征凯旋，作《诗经·豳风·东山》以劳士卒，曰："我徂东山，慆慆不归。我来自东，零雨其濛。"

己丑（前1112年），周公归政于王，召公、周公、太公相辅。

2018年3月10日　下午记（周纪）

　　壬辰（前1109年），成王命周公营建东都洛邑。初武王作邑于镐京，谓之宗周，是为西都；今承武王遗志，营建成周，居于洛邑，是为东都。王居西都，而朝会诸侯于东都，以其位天下之中，四方入贡道里均也，故谓中国，有何尊铭文"宅兹中国"为证。

　　周公相成王，六卿大制礼、作乐、颁量，天下大治。

　　丙申（前1105年），周公殁于丰，谥号文公，葬于毕（今陕西咸阳市北），从文王，周王诵以明其不敢臣周公也，赐鲁公世世祀周公以天子之礼乐。

　　壬戌（前1079年），夏四月，周成王诵崩，太子钊即位，是为康王，召公奭及群臣受顾命。

　　华夏大地只容一个天子，这一事实从三皇五帝到夏、商、周的社会演化已现端倪。盖因地理资源分布不均，地理隔离不足，难以形成多个国家自给自足互不侵扰的并存局面。唯有趋成一统，对内互通有无，对外抵制四夷。这也是华夏大地上社会演化千年形成的事实。

在这一背景下，夏、商、周时期的分封制是从三皇时期的氏族部落演化而来，王国居中，诸侯国散落其周呈拱卫之势，并辅之以嫡长子继承制（成熟的宗法制）。相比三皇时期的氏族部落，此时的天子权力（中央集权）得到了极大的提升和肯定。分封制在西周初期成熟，制度优势亦达到顶峰。物壮而衰，东周时期诸侯国凌驾王国，君王逐渐失去了对诸侯国的控制；春秋战国破而后立，封建制向着更高的中央集权制演进。

2018年3月15日　上午记（周纪）

戊子（前1053年），召公奭薨，谥号康公。召公治陕以西，甚得民和，至是卒，人思其政，不忍伐棠树，作《诗经·召南·甘棠》咏之，曰："蔽芾甘棠，勿翦勿败，召伯所憩。"

周康王钊崩，子瑕践位，是为昭王。成、康之际，天下安宁，刑措四十年不用。

壬寅（前1039年），鲁侯弟濆，弑其君幽公而自立。弑君争国之祸自是始，而昭王不能讨，失政甚矣，周道渐衰。

己卯（前1002年），周昭王南巡，溺死于汉水，其卒不赴告，讳之也。子满践位，是为穆王。

丙申（前985年），徐戎作乱，穆王东征徐戎，克之。造父御驾有功，以赵城（今山西洪洞县赵城镇）封造父，其族由此为赵氏，即战国赵之祖。

甲寅（前967年），穆王西征犬戎，以伐其不享（没有按时进贡）之罪。祭公谋父谏曰："不可。先王耀德不观兵。夫兵，戢而时动，动则威；观则玩，玩则无震。……夫先王之制，邦内甸服，邦外侯服，侯卫宾服，夷蛮要服，戎狄荒服。甸服者祭，侯服者祀，宾服者享，要服者贡，荒服者王。……今自大毕、伯士之终也，犬戎氏以其职来王，天子曰：'予必以不享征之，且观之兵'，无乃废先王之训，而王几顿乎？"王不听，遂征之，得四白狼、四白鹿以归。自是荒服者不至。这就是所谓的"兴役动众无功，罪也"。

甲戌（前947年），周穆王崩，子繄扈践位，是为共王。初，穆王欲肆其心，周行天下，将皆必有车辙马迹焉。祭公谋父作《祈招》之诗，以止王心。周穆王东征西伐，开疆拓土，盖后世汉武之类的大有为之主，然而滥用武力，于内劳民伤财，于外荒服者不至。

晚记（周纪）

丁丑（前944年），周共王游于泾水上，密（今甘肃灵台县西南）康公从之。有密康公之母论"小丑备物，终必亡"的典故，言密康公奉王不恭，以招失位之祸。

甲子（前897年），周孝王封非子为附庸之君，邑之秦，使续伯益后，开秦国之始端。

丁卯（前894年），周夷王即位，天子始下堂见诸侯，觐礼废，标志着周天子和诸侯此消彼长的关系。

甲戌（前887年），楚子熊渠僭越，封其三子为王，曰："我蛮夷也，不与中国之号谥。"

壬午（前879年），周夷王杀齐哀公，立其弟静，有立威于诸侯之意。

癸未（前878年），周厉王元年，楚子熊渠自去僭号，或说其畏惧周厉王的武力，亦有说楚子韬光养晦，其志不小。

壬子（前849年），周厉王以荣夷公为卿士，而行专利之政。在当时分封制的背景下，诸侯卿大夫等贵族掌握大部分山林川泽等生产资源。是时中央衰微而诸侯凌上，周厉王提出资源国有以增加中央财政收入，然而资源国有（专利之政）与分封制存在根本矛盾。周厉王推行专利之政是从资源角度加强中央集权，突破诸侯卿大夫分权的重要尝试。

乙卯（前846年），厉王使人监谤，杀言者以弭谤。召公谏曰："防民之口，甚于防川。川壅而溃，伤人必多，民亦如之。是故为川者，决之使导；为民者，宣之使言。"周厉王的武力镇压内外矛盾，以及不合时宜的专利之政，导致民心尽失，加剧了周王室与贵族阶级的矛盾。

己未（前842年），国人叛，王出奔于彘（今山西霍州市东北）。这是周厉王时期另外一段有趣的历史。因为周朝实行寓兵于民的兵制，所以以暴虐著称的厉王可以南征北战，就是不能镇压暴民。加之与诸侯国的矛盾，导致各诸侯乐得作壁上观，而不出兵勤王。

庚申（前841年），王在彘，召公、周公行政，号"共和"。

癸酉（前828年），王死于彘，召公、周公奉太子靖即位，是为宣王。召公、周公代表着分封制下的贵族阶级利益，而周厉王试图挣脱分封制桎梏的尝试失败，直至分崩离析的春秋战国，其间虽有明主，但体制弊病已经到了不破不立的境地。

2018年3月25日　上午记（周纪）

甲戌（前827年），周宣王元年，周公、召公辅政。相继征讨西戎、猃狁、荆蛮、淮南夷及淮北徐夷。宣王有意匡复周室，通过征伐戎夷来恢复周室统治力。

乙酉（前816年），王不籍千亩。周宣王对于籍田祭典兴致怏怏是因为无利可图。国家对于耕地这个最基本的生产资源失去控制，此消彼长的是诸侯等贵族对于耕地资源的蚕食，故而农耕祭典才失去意义。

己未（前782年），周宣王崩，太子宫湦立，是为幽王。

2018年3月25日　下午记（周纪）

戊辰（前773年），周幽王废申后及太子宜臼，以褒姒为后，其子伯服为太子。废太子宜臼奔申（今河南南阳市东南）。

庚午（前771年），申侯与犬戎入寇，戎弑王于骊山下，诸侯共立太子宜臼，是为周平王，西周遂亡。

周幽王废嫡立庶成为压垮西周的最后一根稻草。幽王"烽火戏诸侯"一事细节难经推敲，更像巷间传闻，也是历史记录中亡国之君的俗套，将其解读为周天子与诸侯日渐弥深的矛盾更合情理。西周败亡是大势所趋，分封制已无法维系国家的稳定，而周王室与分封制同根而生，注定要同生共死。

2018年4月11日　下午记（周纪）

辛未（前770年），周平王元年，为了躲避戎寇，迁都于东都洛邑，是为东周。是时诸侯强并弱，齐、楚、秦、晋始大，政由方伯。

周平王东迁洛邑，秦襄公以兵送王。王封襄公为诸侯，赐以岐、丰之地（宗周故地）。襄公始国，而与东诸侯通使聘享之礼。

辛卯（前750年），秦文公承襄公遗志，大败西戎，获取岐西之地，奠定秦国基业。

己未（前722年），鲁隐公元年，春王正月。孔子因鲁史修《春秋》，首书春王正月。《公羊传》："元年者何？君之始年也。春者何？岁之始也。王者孰谓？谓文王也。曷为先言王而后言正月？王正月也。何言乎王正月？大一统也。"（何休）注："王者受命改正朔，自甸、侯以至要、荒咸奉之，故曰大一统。"

2018年6月8日　上午记（周纪）

　　周平王之后为恒王、庄王、釐王。这三代君王似有所为，然而反复品读了几日，又觉这几位君主实无所为，点滴行事已无碍大势，成为历史的配角，诸侯霸主即将粉墨登场。

　　丙申（前685年），九月，齐公子小白立，是为齐桓公。鲍叔推荐管仲为相。桓公既得管仲，与鲍叔等修齐国政，连五家之兵（兵制），设轻重鱼盐之利，以赡贫穷，禄贤能，齐人皆悦。

　　丁酉（前684年），春正月，齐师伐鲁，鲁庄公听从曹刿建议，趁齐师三鼓而衰，一鼓作气败齐师于长勺，齐师辙乱旗靡，遂逐之。

　　庚子（前681年），冬，鲁侯会齐侯盟于柯（今山东东阿县西南）。相传齐桓公被鲁国曹沫以匕首胁劫于盟会上，不得不许以鲁国被侵占之地。此事着实匪夷所思，情形太过儿戏，不如理解为齐桓公蓄意如此，既陷鲁庄公于不义，又邀买人心于天下。

桓公后悔，欲无与鲁地而杀曹沫。管仲劝曰："许之而倍信杀之，愈一小快耳，而弃信于诸侯，失天下之援，不可。"管仲的一席话应是如实反映了齐桓公的考量：侵占鲁地只是一时之快（利），因此失天下之援，有悖齐桓公称霸诸侯之志；相反，归还鲁地不但缓和齐鲁关系，而且可以取信于诸侯。取舍之间，轻重显而易见。

东周历史上发生的事件，颇多演义，不可尽信，但剥茧抽丝基本能反映当时状况。

2018年6月11日　上午记（周纪）

丙午（前675年），周惠王二年，秋，五大夫以王子颓作乱。戊申（前673年），春，平乱。王子颓事件表明周王室受制于诸侯，被动地卷入诸侯间的利益争斗。

丙寅（前655年），春，周惠王将废太子郑，齐桓公率诸侯会王世子，以定其位。齐桓公会集诸侯干预周太子嗣立，显示了齐桓公的霸主地位。

秋九月，百里奚奔秦（穆公）。穆公与其语三日，大悦，授之国政，号曰五羖大夫，秦始得志于诸侯。

此时，春秋乱世初启，诸侯国关系纷繁复杂，国与国之间的纵横捭阖，为后世积累了丰富的历史经验，孔子言十世亦可知，博古可通今，此言不虚。

2018年7月31日　上午记（周纪）

　　庚午（前651年），周襄王元年，葵丘（今河南民权县东北）之会，王使宰孔（使臣名）赐齐侯胙，使无下拜。齐桓公曰："恐陨越于下，以遗天子羞，敢不下拜？"。春秋霸主之荣光一时无二，而齐桓公坚持下拜受胙，可见其胸怀高志。比之后来晋文公，僭越请隧（天子葬礼），高下立判。

　　丙子（前645年），冬，齐大夫管仲卒。一说管仲临死谏言曰易牙、开方、竖刁三人不可用，而桓公固用此三人，导致齐国衰落。这一说法疑是后人伪托管仲之口对此三人的评价，史书中此等假托临终遗命预见身后事的桥段屡见不鲜。

　　齐国衰落的主因还是在于齐桓公死后（前643年，冬十二月）五公子树党争位，易牙、开方、竖刁不过是其中的投机之臣。立储是关系国家稳定的大事，齐桓公的败笔在于"妻妾不分则家室乱，嫡庶无别则宗室乱"，而储嗣的长贤之争是古代文明背景下的世袭制永远解不开的结。

癸未（前638年），冬十一月，宋襄公及楚人战于泓（泓水，在今河南柘城县西北），宋师败绩。宋襄公曰："君子不重伤，不禽二毛。古之为军也，不以阻隘也。寡人虽亡国之余，不鼓不成列。"世笑之以为宋襄之仁。

宋国地处中原腹心，四战之地，地缘关系复杂，顺则各方拉拢之，逆则征讨之。如此境地，也难为了宋襄公的称霸雄心。无论如何，宋襄公身上也颇具可爱之处，作为殷商之余（初周公平武庚之乱乃封微子启于宋以代殷后），宋襄公应是当时颇有古风之人，代表殷商时期的贵族文化。比起春秋之时的礼崩乐坏、尔虞我诈，"宋襄之仁"则可见殷商贵族精神之一二。

2018年8月3日　　上午记（周纪）

乙酉（前636年），春正月，晋公子重耳在秦国的支持下入晋，杀怀公圉，取而代之，是为晋文公。晋文公流亡列国十数年，增长了见识，磨炼了心性，又有一干名士（狐偃、先轸、赵衰等）辅佐，从此开启了晋国长达百年的霸业。

秋，王废狄后，王子带以狄入寇，周襄王出居于郑，告难于诸侯。

狐偃言于晋文公曰："求诸侯莫如勤王。诸侯信之，且大义也！"文公即出兵（前635年，夏四月），杀王子带，护送周襄王回洛邑。晋文公遂请天子葬礼于周襄王，王不许，曰："王章也。未有代德而有二王，亦叔父（尊称同姓诸侯）之所恶也。"

己丑（前632年），夏四月，晋文公及楚将子玉战于城濮（今山东鄄城县西南）。晋军退避三舍，诱楚深入，败楚师。

冬，晋文公召王，会诸侯于践土（今河南原阳县西南），宣示霸主地位。孔子曰："以臣召君，不可以训！"故《春秋》讳之曰："天王狩于河阳"。

癸巳（前628年），冬，晋文公卒，子骥嗣（继承），是为晋襄公。

甲午（前627年），春二月，秦人入滑（今河南洛阳市偃师区南）。夏四月，晋人败秦师于崤山。秦晋之好自此破裂。秦偏于西隅，秦穆公称霸西戎，为秦国东进问鼎中原打下基础。秦人已生东进之心，而晋始终是其东进障碍。

庚子（前621年），夏，秦穆公卒，子罃嗣，是为康公。

2018年8月8日　下午记（周纪）

　　癸卯（前618年），周顷王元年，王室竟无钱下葬襄王，遣毛伯如（到）鲁求金。鲁乃周公封国，与周王室一脉相承，自当义不容辞。周王室此时的穷困之境，令人不由得想起当初周厉王的专利之政，其绝不是简单的与民争利。

2018年8月15日　下午记（周纪）

　　甲寅（前607年），周匡王六年，秋九月，晋赵盾弑其君夷皋（晋灵公）。后迎立襄公弟黑臀，是为晋成公。此时晋楚并立，晋赵盾，赵衰之子，权倾朝野，独揽朝政。晋灵公欲剪除权臣赵盾未遂，反被其堂弟赵穿弑杀。太史董狐书曰："赵盾弑其君"，言于赵盾曰："子为正卿，亡不越境，反不讨贼，非子而谁？"孔子称赞董狐曰："董狐古之良史也，书法不隐。"历史记载良莠不齐、真伪掺杂，史官正者犹恐其记录失实，况其邪者乎？董狐直笔实为难得！

　　"赵盾弑君"是春秋时局变化的代表性事件。一来，公卿氏族实力强盛，各诸侯国政权进一步被强卿权臣掌握，这预示以诸侯斗争为主的春秋时局逐渐发展向更为混乱的公卿氏族参与的战国局势；二来，赵氏排除异己专擅晋政，也为后来灭门之灾埋下祸根，由此可见盛极而衰是常理，亦可知君子守缺的珍贵。

乙卯（前606年），周定王元年，楚子熊旅，即楚庄王（自熊通僭越称武王），伐陆浑之戎，遂至于雒（同洛，周都也），观兵于周疆。熊旅韬光养晦三年，一鸣惊人，彼时楚与晋已有分庭抗礼之势。楚子问鼎之大小轻重焉，王孙满对曰："在德不在鼎。昔夏之方有德，铸鼎象物……桀有昏德，鼎迁于商，载祀六百；商纣暴虐，鼎迁于周。德之休明，虽小，重也；其奸回昏乱，虽大，轻也。天祚明德，有所底止。成王定鼎于郏鄏，卜世三十，卜年七百，天所命也。周德虽衰，天命未改。鼎之轻重，未可问也。"

王孙满的回答着实精彩。一方面显示王孙满通达鼎祚延转之道，所言与后世班彪的《王命论》有异曲同工之妙，而更胜在通光明正大之道而少神鬼怪力之说；另一方面，历史大势已定，非人力可改，自古只有时势造英雄，哪来英雄造时势，诚如《六韬》所言："天道无殃，不可以先唱；人道无灾，不可以先谋；必见天殃，又见人灾，乃可以谋。"

2018年8月16日　上午记（周纪）

甲子（前597年），晋景公时，屠岸贾以赵盾弑君之罪，杀赵朔（盾子），灭其家，遗赵氏孤儿赵武。此事细节虽有疑伪，但赵氏盛极而衰，晋国六卿（范氏、中行氏、智氏、韩氏、魏氏、赵氏，号为六卿）的斗争愈演愈烈的态势假不了。

壬申（前589年），卫孙桓子率师与齐师战于新筑（今河北魏县），卫师败绩。新筑人救孙桓子，桓子是以免。卫与新筑人曲县、繁缨（诸侯才能用的礼器与饰物）以朝。孔子闻之曰："惜也，不如多与之邑。唯器与名不可以假人；若以假人，与人政也。政亡，则国家从之。"司马光曰："夫事未有不生于微而成于著。圣人之虑远，故能谨其微而治之，众人之识近，故必待其著而后救之；治其微则用力寡而功多；救其著则竭力而不能及也。《易》曰：'履霜坚冰至，'《书》曰：'一日二日万几，'谓此类也。故曰分莫大于名也。"

丁丑（前584年），周简王二年，秋八月，吴入州来（今安徽凤台县）。初巫臣反楚入晋，游说吴国，教吴车战，使之伐楚，楚于是疲于应对。吴国之于晋、楚，《道德经》言大小邦之谓也："大邦不过欲兼畜人，小邦不过欲入事人。夫两者各得所欲，大者宜为下。"

庚辰（前581年），晋程婴攻屠岸贾，灭其族，恢复赵武田邑。其间程婴与公孙杵臼的传奇故事，我宁可信其有。公孙杵臼谓程婴曰："立孤与死孰难？"婴曰："死易，立孤难耳。"二人淡泊生死，英勇赴义，令人动容。

戊子（前573年），春正月，晋栾书和中行偃弑其君州蒲（晋厉公），迎立公孙周，年仅十四，是为悼公。晋自献公起，历文公、襄公、景公、悼公等明主，维持百年霸业。然内患不止，公族与卿族斗争贯穿始终，其中细节计较，可有可无，楚国亦是如此。司马迁曰："灵公既弑，其后成、景致严，至厉大刻，大夫惧诛，祸作。悼公以后日衰，六卿专权。故君道之御其臣下，固不易哉！"

晋悼公和戎狄、联宋、纳吴、慑秦、疲楚，九会诸侯，复霸中原。悼公前573年继位（年仅十四岁），卒于前558年（年仅二十九岁），在位十五年，内有强卿专政（晋的历史遗留问题），外有戎夷、诸侯，如此困境下经营大国而游刃有余，用今人眼光看，着实传奇。比较古今，今人多的是脱离实践的烦冗信息，而古人俯仰天地拥有充分的实践经验，悼公之奇固不怪哉！

2018年8月26日　上午记（周纪）

　　癸丑（前548年），齐崔杼弑其君（庄公），立庄公之弟杵臼（景公）。太史书曰："崔杼弑其君。"崔子杀之。其弟嗣书，而死者二人；其弟又书，乃舍之。南史氏闻太史尽死，执简以往，闻既书矣，乃还。中国古代史家之风骨可见一二。

　　乙卯（前546年），晋、楚等国同盟于宋都（今河南商丘市），盟曰弭兵。在宋的调停下晋楚约定停战，奉晋、楚为共同霸主。弭兵会盟是时势催生的产物，标志着春秋混乱局面升级，由诸侯国间的斗争升级为各国内部卿大夫的争斗。司马迁曰："是后陪臣执政，大夫世禄，六卿擅晋权，征伐会盟，威重于诸侯。"

　　夏商的朝代更迭如果笼统地说为统治力下降，那周朝的没落原因就清晰了许多。周天子王权衰微的背后是政权和资源权流向公卿氏族，公卿氏族积累了足够的政权与资源权就会争立。故而新朝取代周朝的首要任务就是将政权和资源权收归中央，以加强中央集权。

2018年8月29日　上午记（周纪）

丁巳（前544年），周景王元年，吴子使季札聘于鲁，请观周乐，鲁人为奏六代之乐，遂有季札观乐之典故。

戊午（前543年），冬，郑使公孙侨（子产）为政，郑国大治。郑子产有疾，谓于太叔曰："我死，子必为政。唯有德者能以宽服民，其次莫如猛。夫火烈，民望而畏之，故鲜死焉；水懦弱，民狎而玩之，则多死焉，故宽难。"子曰："善哉！政宽则民慢，慢则纠之以猛。猛则民残，残则施之以宽。宽以济猛，猛以济宽，政是以和。"前522年，冬十二月，公孙侨卒，子曰："古之遗爱也。"

己巳（前532年），秋七月，孔子生子鲤。鲁昭公以鲤赐，孔子故因以名曰鲤，字伯鱼。

2018年9月29日　上午记（周纪）

　　壬午（前519年），周敬王元年，秋七月，敬王居于狄泉谓之东王，王子朝入于王城，谓西王。《春秋》书曰："天王居于狄泉，黜子朝也。"前516年，冬十月，敬王入于成周，王子朝奔楚，子朝之乱周室之衰也。

　　乙未（前506年），冬十一月，蔡侯以吴子（阖闾）及楚人战于柏举（今湖北麻城市境内），楚师败绩，楚子（昭王）出奔于随（今湖北随州一带）。吴人入郢（楚都，今湖北荆州市荆州区西北），伍子胥遂鞭楚平王之尸。

　　丙申（前505年），夏六月，楚申包胥以秦师至，败吴师，吴子乃还，楚子入于郢。有《诗经·秦风·无衣》为证，曰："岂曰无衣，与子同袍。王于兴师，修我戈矛。与子同仇。"

　　己巳（前496年），夏五月，吴王阖闾伐越，越勾践大败吴师于檇李（今浙江嘉兴市西南）。阖闾伤将指而卒，子夫差立。

丁未（前494年），春，吴王夫差败越于夫椒（山名，今江苏苏州市西南太湖中），报槜李之仇，遂入越。越勾践以甲盾五千保于会稽（今浙江绍兴市东南），求平于吴，夫差许之。伍子胥曰："树德莫如滋，去疾莫如尽。越十年生聚，而十年教训，二十年之外，吴其为沼乎！"

吴越两国是春秋后期发展起来的，吴越对楚国的牵制，以及晋国政出多门的内忧，导致晋楚相争的局面不再。吴越的兴衰交替史竟是两国的恩仇录，如此儿戏国事，喻示着吴越兴盛只是昙花一现，难以长久。只可叹：太伯三让，退避荆蛮，是而有吴；越祖少康，禹之苗裔，封于会稽；吴越争强，兴衰交替，系于仇怨；嗣不量力，干戈齐楚，祖业俱毁。

2018年10月8日　上午记（周纪）

丁巳（前484年），冬，孔子反鲁（自前497年出鲁，周游列国）。叙书，记礼，删诗，正乐，序《易》彖、系、象、说卦、文言，读《易》韦编三绝。

庚申（前481年），孔子因鲁史作《春秋》。

孔子与老子大致在同一时期，代表两类不同的人才：儒士和道士。孔子，儒士，自幼才华出众，一生显著于世。老子，道士，一生事迹鲜为人知，至老才龙见于田。

两位圣人都是贵族后裔，承载了几代人的文化积淀。孔子乃商朝贵族后裔，无有争议。老子祖上没有明确史料记载，但从其周朝守藏室之史的文化属性判断，祖上至少是负责文化典籍传承的贵族，其渊源大可猜测至商朝。

孔子大成在其晚年，五十岁之前一心从政匡乱而不得，老子曰："子所言者，其人与骨皆已朽矣，独其言在耳。"大概说的就是孔子欲拨乱反正的执念。五十岁之后颠沛流离于列国十余年，沧桑经历如切如磋、如琢如磨，最终于花甲之年回到鲁国，才放下了执念而修得大成。

反观老子，从无入世之心，对历史的沉浮早已了然，于历史的波涛中安时处顺、与时偕行，如其所言，"君子得其时则驾，不得其时则蓬累而行"。而唯一的著作《道德经》也是看似不经意间留下，而且隐退之时恰在春秋末期战国将始，耐人寻味。在超凡入圣这条路上，老子显然比孔子高明些许。

君子何得其时？从其大者，泰卦有言君子拔茅连茹，君子当其时也；否卦有言小人连类而进，君子失其时也。从其小者，天授其性，与时消息，而成其命，性命之谓也。

2018年10月12日　上午记（周纪）

戊辰（前473年），周元王三年，冬十一月，越勾践灭吴。吴王夫差欲从会稽之故事，求平于勾践。越范蠡曰："会稽之事，天以越赐吴，吴不取。今天以吴赐越，越岂可逆天乎？""且天与不取，反受其咎。"吴王夫差乃自尽。

越王勾践会齐、晋及诸侯于徐州（今山东滕州市）。越人致贡，王赐越子胙，命为伯。

范蠡辞于勾践，遗大夫文种书曰："飞鸟尽，良弓藏。狡兔死，走狗烹。敌国破，谋臣亡。"一语成谶。范蠡乘轻舟浮游五湖（太湖），后从商赀累钜万，曰："居家则致千金，居官则至卿相，此布衣之极也。久受尊名，不祥。"遂尽散其财。

范蠡助越灭吴后，功成身退，游于山川湖泽，逍遥兮似庄子。而后从商又成就一番事业，更妙之处是感悟天道盈亏，而散尽千金家财。范蠡在时代的波涛中进退自如，可谓"不事王侯，高尚其事"，反观文种，落得一个兔死狗烹的悲凉下场。

范蠡相传为晋范文子之后，应当相差无几，如此通达大才背后必是几代人的文化传承积累。伍子胥、文种之流虽有才器，只可惜尽为他用，不能自用。老子曰："有之以为利，无之以为用。"伍子胥、文种，利器而已，孔子曰："君子不器。"盖当此意。

2018年10月15日　下午记（周纪）

癸酉（前468年），周贞定王元年，鲁哀公欲假越兵去三桓（季孙氏、孟孙氏、叔孙氏皆出鲁桓公，故号"三桓"），不克，出奔越。后客死他乡，悼公立。

癸未（前458年），晋智伯与韩氏、赵氏、魏氏共灭范氏、中行氏，四卿遂迫使晋侯（出公）奔齐。

戊子（前453年），齐相田盘使其宗人尽为齐都邑大夫。齐公室卑微，权归田氏，田氏代姜。

庚子（前441年），春，周贞定王崩，周王室乱，一年而三易其君，思王代哀王，考王代思王。考王忧前事重现，封其弟揭于王城（划王畿河南之地），后为东周国。

下午记（周纪）

戊子（前453年），周贞定王一十六年，韩、赵、魏灭智氏，遂分其地。其间，韩、魏审时度势，隐忍待发，诚如魏任章所言："无故索地，诸大夫必惧；吾与之地，智伯必骄。彼骄而轻敌，此惧而相亲。以相亲之兵待轻敌之人，智氏之命必不长矣。"而赵襄子转守为攻，甚为精彩。赵张孟谈谓韩康子、魏桓子曰："臣闻唇亡则齿寒。今智伯帅韩、魏以攻赵，赵亡则韩、魏为之次矣。"韩、魏、赵遂大败智伯之众，杀智伯。

退一步讲，纵使智伯贤德，又岂能使四卿并存乎？晋历来卿族（狐、赵、先、郤、胥等）林立，后至六卿，再至四卿，直到三家分晋，这或许是最稳定的制衡局面。

甲辰（前437年），周考王四年，晋侯（幽公）反朝于韩、赵、魏氏。晋独有绛（晋都，今山西翼城县西南）、曲沃（晋故都，今山西闻喜县东北）地。

戊寅（前403年），周威烈王二十三年，周威烈王遂命晋大夫魏斯（魏文侯，桓子孙）、赵籍（赵烈侯，襄子之兄伯鲁的曾孙）、韩虔（韩景侯，康子孙）为诸侯，三家分晋。魏文侯，治国有方，以卜子夏、田子方、段干木为师，使魏国成为战国之初第一强国。卜子夏颇有大儒之风，通达不拘泥；田子方曰："亦贫贱者骄人耳，富贵者安敢骄人？……夫士贫贱者，言不用，行不合，则纳履而去耳，安往而不得贫贱哉！"此三人开战国名士风度之气象，战国初始士族显于世，士只问贤能不问出身。

司马光开篇明义，作论曰："天子之职莫大于礼，礼莫大于分，分莫大于名。"司马光以为周威烈王为韩赵魏三家正名是国家败亡的重要原因，其类于孔子所云"唯器与名，不可以假人"。余实不敢苟同。

西周时期，资源和政权流向诸侯，诸侯争霸，而有春秋；东周时期，资源和政权流向卿大夫，强卿争立，而有战国。周王室与分封制同根而生，其性也；与分封制同生共死，其命也；历史演进的大势岂能是人力可改，纵使汤、武再世也是枉然，性命由天也。于是，再看秦朝大一统，资源和政权尽归中央，以史为鉴也；汉承秦制，又鉴于秦矫枉过正以致王室孤悬，约定同姓而王，强宗室也。前车之鉴，后事之师，如是而已。

2018年10月26日　下午记（周纪）

庚寅（前391年），周安王十一年，齐田和迁其君贷（齐康公）于海上。乙未（前386年），齐田和被封为诸侯。

甲午（前387年），魏吴起奔楚，楚以为相。吴起曾与田文（孟尝君）论功，将三军、治百官、守西河，此三者文皆不如起。文曰："主少国疑，大臣未附，百姓不信，方是之时，属之于子乎？属之于我乎？"由此可知，田文相才，吴起将才，将相有别。

庚子（前381年），楚悼王卒，楚人杀吴起。吴起变法，以及后来的商鞅变法，反映了士族的崛起，也反映了社会演进过程中士族阶级与贵族阶级的矛盾。吴起以将才当相位，才德不堪其位，而又强行变法不得人心，故遭杀身之祸。

辛亥（前370年），周烈王六年，齐侯（威王）来朝，天下以此贤威王。齐威王封即墨大夫，烹杀阿大夫，整顿吏治，齐国大治。时战国初期，法不破不立，魏、楚、齐率先求变，以应天时。

2018年10月30日　下午记（周纪）

己未（前362年），周显王七年，秦孝公立。是时河（黄河）、山（崤山）以东强国六（齐、楚、魏、燕、韩、赵），淮泗之间小国十余，楚、魏与秦接界。魏筑长城，自郑滨洛（今陕西渭南市华州区）以北有上郡（治今陕西榆林市）；楚自汉中，南有巴、黔中；皆以夷翟遇秦，摈斥之，不得与中国之会盟。秦的崛起受到楚、魏等大国的抵御，诸国亦是感受到秦国的威胁，魏国首当其冲，故而有魏长城。

壬戌（前359年），秦孝公以公孙鞅（商鞅）为左庶长，定变法之令。鞅言于孝公曰："论至德者不合于俗，成大功者不谋于众。"商鞅变法行之十年，道不拾遗，山无盗贼，民勇于公战，乡邑大治。

战国时期，各国都有强烈的危机感，内忧政权涣散，外患强国侵吞，于是各国应时之需，争相变法。在此背景下，秦孝公任用商鞅，可谓大人虎变，君子豹变。商鞅大行法家之道，加强中央集权，上至公卿贵族，下至黎民百姓，皆使之为公器，大大增强了国家机器的运转效率以及军事力量。然而变法过猛，过分挤压了贵族阶级的利益，法令严苛刚猛，大失人心，亦为其死埋下祸根。革之要，一曰天时，二曰人和。吴起、商鞅变法虽得其时，却不得人和，《易·革卦》曰："革言三就，有孚。""君子以治历明时。"

丁卯（前354年），魏伐赵，围邯郸。翌年，齐田忌欲引兵救赵，孙膑曰："夫解杂乱纷纠者不控拳，救斗者不搏撠，批亢捣虚，形格势禁，则自为解耳。"田忌遂围魏救赵，大败魏师于桂陵（今山东菏泽市东北）。

庚辰（前341年），魏伐韩，韩请救于齐。孙膑曰："善战者因其势而利导之。兵法，百里而趣利者蹶上将，五十里而趣利者军半至。"遂以增兵减灶之计诱敌深入，大败魏师于马陵（今河北大名县东南），杀庞涓，掳太子申。

2018年11月3日　下午记（周纪）

癸未（前338年），秦孝公薨，秦惠文王立。秦人诛商鞅，灭其族。

戊子（前333年），苏秦合纵六国以摈秦。翌年，秦以齐、魏之师伐赵，合纵遂解。

癸巳（前328年），秦以张仪为相。张仪、苏秦师从鬼谷子学纵横之术。二人皆巧舌之辈，虽有才智，大多雕虫小技，不堪大用。苏秦合纵六国抗秦之约，不过一年而破。只因合纵之约立于投机而不合大势，只谋一时一域，不谋长久全局。纵横的背景是秦国，故可推知秦国已然成为诸国的共同威胁，当时局势可见一斑；战国的大势是斗争，合作只是手段，所以纵横之术要因时因势调整变化才可长久。

乙巳（前316年），周慎靓王五年，秦伐蜀。伐蜀实乃秦国东迁（前350年徙都咸阳）以来最重要的战略决策。其中司马错对于局势的分析举足轻重，值得品味。司马错曰："夫蜀，西僻之国也。……得其地足以广国，取其财足以富民缮兵，不伤众而彼已服焉。拔一国而天下不以为暴，利尽西海而天下不以为贪，是我一举而名实附也，而又有禁暴止乱之名。今攻韩，劫天子，恶名也，而未必利也，又有不义之名，而攻天下所不欲，危矣。"

此事，张仪力主伐韩，尽显阴谋家的短狭之见。张仪曰："今夫蜀，西僻之国而戎翟之伦也，敝兵劳众不足以成名，得其地不足以为利。臣闻争名者于朝，争利者于市。今三川、周室，天下之朝市也，而王不争焉，顾争于戎翟，去王业远矣。"仪之言鄙矣。

丁未（前314年），周赧王元年，齐（宣王）伐燕，取之。初燕王哙以国让其相子之，埋下祸根。孟轲（孟子）谓齐王曰："今伐燕，此文、武之时，不可失也。"余不敢苟同，尽管燕之祸源于自身，但齐乘乱伐燕于大局有欠考虑。

诚如秦司马错的局势分析，强秦犹不可伐韩，何况齐已江河日下，不复从前。燕是周武王初封天下时的股肱之国，承召公之余烈，祭祀不绝者八百余岁；且地缘关系复杂，外迫蛮貊，内措齐晋，其存亡直接影响中国局势。今齐伐燕，既得不义之名，又必遭三晋猜忌，且燕破（被打败）而不拔（被征服）必生后患。故此时伐燕不如助燕，扶持燕太子平拨乱反正夺回政权，燕齐结好利在长久，奈何只图一时之快哉。

己酉（前312年），秦大败楚师于丹阳

（今陕西、河南两省间的丹江以北），取汉中，复败其于蓝田（今陕西蓝田县）。前299年，秦诱楚怀王于武关，执之以归，后卒于秦。楚怀王昏聩无能，北绝交于齐，西生患于秦。战国七雄之中，楚国地理优势得天独厚，却因人为因素消耗殆尽。

癸亥（前298年），齐田文（孟尝君）与韩、魏攻秦，败其军于函谷关，秦割河东三城以和。

丁丑（前284年），燕以乐毅为上将军，并将秦、魏、韩、赵之师以伐齐，入临淄（齐都）。

壬午（前279年），齐田单击破燕军，尽复齐地，迎齐襄王入临淄。燕、齐皆周天子初封天下时的股肱之国，底蕴深厚，国可破而不可拔，然徒在这样的因果轮回中将国力消耗殆尽。

2018年11月13日　下午记（周纪）

辛卯（前270年），秦昭襄王以范雎卿客。范雎献远交近攻的大略，曰："今夫韩、魏，中国之处而天下之枢也。王若欲霸，必亲中国以为天下枢，威楚、赵，则齐附，而韩、魏因可虏也。"随后，劝谏收集王权，曰："臣居山东时，闻齐之有田文，不闻其有王也；闻秦之有太后、穰侯、华阳、高陵、泾阳，不闻其有王也。夫擅国之谓王，能利害之谓王，制杀生之威之谓王。今太后擅行不顾，穰侯出使不报，华阳、泾阳等击断无讳，高陵进退不请。四贵备而国不危者，未之有也。为此四贵者下，乃所谓无王也。然则权安得不倾，令安得从王出乎？"秦昭襄王遂废太后，逐穰侯、高陵、华阳、泾阳君于关外，并拜范雎为相，封应侯。

辛丑（前260年），秦白起大破赵军于长平（今山西高平市西北），杀其将赵括，坑降卒四十万。长平之战后天下之势尽归秦矣，以后虽有反复，已无碍大势。其间，赵左师触龙劝赵太后以长安君为质求救于齐，曰："岂人主之子孙则必不善哉？位尊而无功，奉厚而无劳，而挟重器多也。"所言正是"亢龙有悔"之义，君子无论修身治家，当知天嫉盈满，抱残守缺以成其大，大成若缺之谓也。

甲辰（前257年），魏公子无忌（信陵君）破秦军于邯郸。其间，齐士鲁仲连劝魏王放弃尊秦。鲁仲连也是一妙人，其所言"所贵为天下之士者，为人排患难解纷乱而无取也。即有取者，是商贾之事，连不忍为也！"可品其风度一二。再于后来助齐伐燕，曰："吾与富贵而诎于人，宁贫贱而轻世肆志焉！"颇有侠士之风。其于乱世波涛中来去自如，最终归隐东海。不愧子顺（孔斌）评价曰："世无其人（高士）也；抑可以为次，其鲁仲连乎！"

乙巳（前256年），秦入寇（王之国），周赧王入秦，尽献其地，归而卒。

2018年11月15日　下午记（周纪）

　　丙午（前255年），秦丞相范雎免。范雎助秦昭襄王驱逐四贵，集中王权，最终全身而退，实可谓功成身退。燕士蔡泽曰："夫四时之序，成功者去。""日中则移，月满则亏。物盛则衰，天地之常数也。进退盈缩，与时变化，圣人之常道也。故国有道则仕，国无道则隐。"

　　楚以荀况（荀子）为兰陵令。荀子思想比起孟子等传统儒士已然有了很多实用性，但依旧摆脱不了儒家"克己复礼"的思想桎梏，在战国乱世中，进不可攻城略地，退不可治国安邦。儒家文化大概源于商周的贵族文化，仁义为体，礼乐为用。在太平盛世用来巩固意识形态，尚可堪用，但在乱世治国安邦相比道家差之甚远。

　　楚灭鲁，迁鲁顷公于下邑，为家人，鲁绝祀。司马迁因周公之德盛而叹鲁道之衰，曰：

"至其揖让之礼则从矣，而行事何其戾也？"

壬子（前249年），秦灭东周国。周遂不祀，右周三十七王，并东周君计八百七十三年。

2018年11月16日　下午记（秦纪）

　　壬子（前249年），秦庄襄王元年，秦以吕不韦为相国。初秦庄襄王（嬴楚）质于赵，因吕不韦策，归以为嗣。

　　甲寅（前247年），五月，秦庄襄王薨，子政立。计较秦王嬴政的姓氏，是市井之徒的闲趣。当时秦专以法家治国而独立于诸侯，秦王室自非子以来皆勤勉上进（危机感十足），故而当此形势，换作秦室何人，都可秦定天下。秦乃西夷小邦，没有中原文化束缚，以大有为之法强国，又以大有为之法统一天下，然后以大有为之法治天下，不顾天下疲敝，故而不过二世而亡。周礼崩坏，春秋战国，久经战乱，天已厌乱，彼一时也；天下疲敝，民不厌死，天欲修生而养息，此一时也；秦一统天下，已应一时，却不知此一时彼一时也。

2018年11月21日　下午记（秦纪）

乙卯（前246年），秦修凿泾水为渠，自中山西邸瓠口（今陕西泾阳县西北）为渠，并北山，东注洛，三百余里。渠就，用注填阏之水，溉泽卤之地四万余顷，收皆亩一钟。于是关中为沃野，无凶年，秦以富强。

地理资源决定人的生存方式，生存经验积累而成文化，是故地理是文化之根本。我读历史，有两大不足：上不通天文，下不知地理，仅依赖智巧对历史情形勉强推测，则天时、历法、地利、民情皆不可通达。

夫古人知行千里，俯仰天地，更有家学渊源者，承几代人之积累，加之自身才智勤勉，便有博古通今的大学问。故可知司马迁所云"究天人之际，通古今之变，成一家之言"绝非妄语。我自根基不足，徒有机巧，如今已知亡羊，却不知何时补牢，只能留数句警言，劝学后人。

丁巳（前244年），赵李牧伐燕，取武遂（今河北保定市徐水区遂城镇）、方城（今河北固安县西南）。赵国前有廉颇，后有李牧，秦国前有白起，后有王翦，名将迭代不穷，盖其常有戎狄边患做磨刀石，砥砺锋芒。

癸亥（前238年），楚考烈王薨，盗杀黄歇（春申君）。

甲子（前237年），秦相国吕不韦以罪免，后饮鸩自杀。

楚春申君，秦吕不韦，皆以相似的手段阴谋王嗣，结果不得善终。尤其春申君，游学博闻，初事楚顷襄王，大开乾元；以其辩智，权略秦楚，太子获归，气运亨通；封侯拜相，邑开吴土，权比九五，功利显著；然而阴谋王嗣，不知安贞，以致身亡家败。元亨利贞，天道四德。天道垂教，君子习此四德，与天合德，循环往复，生生不息。

2018年11月26日 　下午记（秦纪）

甲子（前237年），秦王政召李斯，复其官，除逐客之令，卒用斯谋。李斯虽有才，但陷害韩非一事，足见其心胸狭小。李斯之于韩非，庞涓之于孙膑，皆构陷同门而获利，相较鲍叔、管仲云泥之别，是谓有才而无德也。

辛未（前230年），秦灭韩。前228年，秦灭赵。前226年，秦破燕，燕王走辽东。前225年，秦灭魏。

丙子（前225年），楚人大败秦军，李信奔还，王翦代之。秦王欲伐楚问将兵几何，李信曰："不过用二十万人。"王翦曰："非六十万人不可。"遂用李信。

丁丑（前224年），秦王翦大败楚军，杀其将项燕。翌年，楚亡。

白起之死，前车之鉴。秦伐赵不利，白起居功自矜而辱君，起曰："秦不听臣计，今如何矣！"秦此番伐楚亦不利，王翦不但应征，而且临行前两次向秦王乞贷，翦曰："夫秦王怚而不信人。今空秦国甲士而专委于我，我不多请田宅为子孙业以自坚，顾令秦王坐而疑我邪？"

王翦军功卓著自是不提，贵在进退有度，进可以为国建功，退可以明哲保身。古来武将善战者不胜枚举，然多因功高震主，或居功自傲，难得善终。王翦刚柔有节，是用玉铉以自举，而无所不举者也，实乃战国第一武将。

庚辰（前221年），秦灭齐，初并天下，更号皇帝。自以为德兼三皇，功过五帝，故曰皇帝，命为制，令为诏，自称曰朕。定为水德，改正朔，以冬十月为岁首。分天下为三十六郡，郡置守、尉、监。废除分封制加强中央集权应该是当时的共识，秦始皇实施郡县制是中国历史演进中的重要尝试。

丁亥（前214年），蒙恬伐匈奴收河南地（今内蒙古河套以南），筑长城，起临洮（今甘肃岷县），至辽东，延袤万余里。

戊子（前213年），秦始皇从李斯议，烧《诗》、《书》、百家语。李斯曰："古者天下散乱，莫之能一，是以诸侯并作，语皆道古以害今，饰虚言以乱实，人善其所私学，以非上之所建立。今皇帝并有天下，别黑白而定一尊。"秦始皇虽然意识到了统一民众意识形态对于国家稳定的重要性，然而立国未稳，以法家之道强行之，一则时机尚早，二则手段刚猛。

从历史演进的角度看，在从分封制到郡县制的变革中，秦始皇的几项大政皆切中要害，为后世尤其是其后的汉朝积累了重要的历史经验。

2018年12月3日　下午记（秦纪）

　　壬辰（前209年），秦二世元年，秦二世胡亥杀诸公子、公主。历史记载胡亥以非常手段即位，又穷奢极欲，残害宗室。朝代更迭之间的历史记载多有虚伪，无须太过计较。秦二世而亡是大势所趋，倘若扶苏即位，不过使秦苟延残喘数年而已。

　　秋七月，楚人陈胜、吴广起兵于蕲县大泽乡（今安徽宿州市南）。胜自立为楚王，以广为假王。大梁（今河南开封市）张耳、陈余拜谒，为陈胜分析时局，谋划大略，甚有见地，曰："愿将军毋王，急引兵而西，遣人立六国后，自为树党，为秦益敌也。敌多则力分，与众则兵强。"

　　陈胜出身贫微，眼界狭隘，难以理解积蓄力量、暂缓称王的远见，注定走不长远，只为他人作嫁衣裳。以刚居上，发其昧者，顺应人心，有"击蒙"之象（详参《周易本义》蒙卦注疏），然而终究蒙昧不知所适，朱熹所谓"取必太过，攻治太深，则必反为之害"。而此时六国残余的有识之士，必在蛰伏等待更多的陈胜、吴广出现，与时而动，是所谓"屯难之世，君子有为之时也"。

2018年12月10日　下午记（秦纪）

是岁，秋九月，楚人刘邦起兵于沛（今江苏沛县东），自立为沛公。世人将刘邦出身布衣解读为出身贫贱，是一厢情愿的误解。刘邦以微末亭长的身份，娶沛郡富户吕公之女，结交豪吏萧何、曹参，与卢绾同读私塾，足以说明刘邦背景深厚。《史记索隐》说其为晋国大夫范武子（祁姓，士氏，名会）后裔，应相差无几。《史记》中吕公因刘邦面相而嫁女的桥段，有避重就轻之嫌，但吕公嫁女的事实亦足以推测刘邦的身份不俗。

同时楚人项梁，楚名将项燕之子，携其侄项籍（字羽），起兵于吴（今江苏苏州市）。范增说项梁曰："今君起江东，楚蜂午之将皆争附君者，以君世世楚将，为能复立楚之后也。"项梁从其言，求楚怀王孙心于民间，立为楚怀王。并从张良建议，立韩公子横阳君为韩王，自为树党，为秦益敌。其中意义与张耳、陈余的见识不谋而合，可谓英雄所见略同。

2018年12月11日　下午记（秦纪）

　　癸巳（前208年），秦杀李斯，夷三族，以赵高为中丞相。李斯心胸狭隘，德不载物，位高则如累卵。可怜其临终而叹："吾欲与若复牵黄犬俱出上蔡东门逐狡兔，岂可得乎！"临终幡悟，足见才智，可惜其德基浅薄而困于名利。

　　秦章邯击破楚军于定陶（今山东菏泽市南），项梁死。随后章邯击赵，围赵王于巨鹿（今河北平乡县西南）。楚以宋义为上将军，项羽为次将，范增为末将，以救赵。

　　初楚怀王与诸将约　"先入定关中者王之"。遣沛公伐秦，有制衡项羽之意。

　　甲午（前207年），冬十一月，巨鹿之战。项羽杀宋义夺兵权，渡漳河，以破釜沉舟之勇，大破秦军，擒其将王离。此战尽显项羽的杀伐果决。

2018年12月17日　　上午记（秦纪）

　　甲午（前207年），刘邦自沛县出发，春二月，击昌邑（治今山东巨野县南）未下，收彭越；转略陈留（今河南开封市东南），收郦食其。四月，攻下颍川（治今河南禹州市）；六月，攻下南阳（治今河南南阳市）。八月，从武关（今陕西丹凤县东南）入关中，破峣关（今陕西商洛市西北）。

　　乙未（前206年），汉太祖高皇帝元年，冬十月，沛公至霸上（今陕西西安市东），秦王子婴遂降于汉，秦亡。右秦自庄襄王至子婴，合四十三年。刘邦一路行军从速，所过无得掳掠，线路选择避实击虚，尤以避开重兵把守的函谷关而从武关入关中最为精彩。

　　反观项羽，收缴降将章邯兵权，坑杀秦二十万降卒后，直击函谷关。入关后，屠咸阳，杀子婴，掘秦始皇冢，大掠而东，曰："富贵不归故乡，如衣绣夜行。"不负"沐名钓誉"之称。

2018年12月18日 下午记（汉纪）

　　是岁，春正月，项羽尊楚怀王为义帝。二月，项羽自立为西楚霸王，王梁、楚地九郡，都彭城（今江苏徐州市）。立刘邦为汉王，王巴、蜀、汉中，都南郑。以秦降将章邯、司马欣、董翳居关中，号"三秦"，以拒塞汉路。并依周武王故事，分封天下，张耳、英布等皆封王。夏四月，诸侯罢兵就国。

　　项羽倒行逆施，复商周分封制，妄想效仿周武王，以彭城为王国，受诸侯朝拜。如此看来，《史记》记载项羽少年时不学无术并非虚言。

　　刘邦在萧何和张良的建议下避开锋芒，退守汉中，烧毁栈道，主动示弱，以待时机。萧何曰："夫能屈于一人之下，而信于万乘之上者，汤、武是也。臣愿大王王汉中，养其民以致贤人，收用巴蜀，还定三秦，天下可图也。"未出半年（秋八月），刘邦以韩信为大将，还定三秦。

丙申（前205年），冬十月，项羽弑义帝。春三月，汉王刘邦自临晋渡河，魏王豹遂降；下河内，虏殷王印，陈平降汉。刘邦至洛阳，为义帝发丧，告诸侯讨项羽。

夏四月，汉王刘邦率五诸侯兵伐楚，入彭城。这一战略上的冒进遭到项羽强烈反扑，刘邦全军覆没，仅以十几骑逃至下邑（治今安徽砀山县）。当时，刘邦主力未成熟，而率领貌合神离的五路诸侯攻入并无实用的彭城，实属战略失误。项羽善于急攻猛进，刘邦授之以短。

刘邦逃至下邑，张良重新梳理战略，定下外联英布、彭越，内持韩信，对楚军实施多方蚕食的策略。于是韩信自北线徇（攻取）赵、燕、齐；彭越于中路游击牵制；英布自南进逼。刘邦则在中原腹地与项羽僵持拉锯。其间，刘邦虽几度势衰，皆显示出稳定的后方（关中、巴蜀）优势。

戊戌（前203年），冬十月，汉韩信破齐，刘邦立韩信为齐王。

秋八月，项羽尽失北方，被迫于鸿沟（卞水支流，在今河南荥阳市境内）议和，约定以鸿沟为楚汉分界。

九月，项羽将引兵东归，张良、陈平曰："汉有天下大半，而诸侯皆附之。楚兵罢食尽，此天亡楚之时也，不如因其机而遂取之。"

2018年12月24日　**下午记（汉纪）**

己亥（前202年），冬十月，汉太祖高皇帝五年，刘邦追项羽至固陵（今河南太康县南）。齐王韩信、魏相国彭越，期会不至，刘邦遂许以楚、梁之地。

十一月，汉刘贾围寿春（今安徽寿县），招降楚大司马周殷，举九江兵迎英布。

十二月，刘邦与诸侯合围项羽于垓下（今安徽固镇县东北、沱河南岸）。项羽突围向南渡淮河至东城（今安徽定远县东南），继续向东南至乌江（今安徽和县东北），笑曰"无颜见江东父老"，自刎而死。

项羽兵败而走，后世不可用一"逃"字辱之，如其所言："吾起兵至今八岁矣，身七十余战，所当者破，所击者服，未尝败北，遂霸有天下。然今卒困于此，此天之亡我，非战之罪也。"若不以成败论之，则项羽力拔山兮气盖世，性情洒脱无羁，无愧西楚霸王之号。

楚汉之争落下帷幕，其间韩信多次拥兵观望，影响战局，为自己埋下祸根。韩信有勇有谋，然而无自知之明。刘邦还至定陶，夺韩信兵权。随后如约立韩信为楚王，彭越为梁王。

　　春二月，刘邦即皇帝位于氾水之阳（今山东曹县北，接菏泽），都洛阳。

2019年1月2日　上午记（汉纪）

　　是岁，夏五月，帝刘邦置酒洛阳南宫，与众臣评定得失，刘邦曰："夫运筹策帷帐之中，决胜于千里之外，吾不如子房。镇国家，抚百姓，给馈饷，不绝粮道，吾不如萧何。连百万之军，战必胜，攻必取，吾不如韩信。"汉初三杰固然居功至伟，然而刘邦知人善用、包容并蓄的心性，才是大君之德。东汉马援曰："高帝无可无不可"，寥寥几字恰如其人也。

　　在齐人刘（娄）敬建议下迁都关中。刘敬这番谏言甚为精彩，先剖析周朝都洛阳的得失，曰："成周洛邑，以此为天下之中也，诸侯四方纳贡职，道里均矣，有德则易以王，无德则易以亡。凡居此者，欲令周务以德致人，不欲依阻险，令后世骄奢以虐民也。"继而引出关中的地理优势，曰："夫秦地被山带河，四塞以为固，卒然有急，百万之众可具也。因秦之故，资甚美膏腴之地，此所谓天府者也。

陛下入关而都之，山东虽乱，秦之故地可全而有也。夫与人斗，不搤其亢，拊其背，未能全其胜也。今陛下入关而都，案秦之故地，此亦搤天下之亢而拊其背也。"刘敬可谓有真学问，通达历史和地理，是我等士人之典范。故做学问就要做通达致用的真学问，莫做狭隘名教（以名而教）的假学问。

张良谢病辟谷，曰："家世相韩，及韩灭，不爱万金之资，为韩报仇强秦，天下振动。今以三寸舌为帝者师，封万户，位列侯，此布衣之极，于良足矣。愿弃人间事，欲从赤松子游耳。"张良家族积淀深厚，故而淡泊名利；才识通达，洞明时势，故而进退自如。运筹帷幄、决胜千里只是张良才识的厚积薄发而已，如《史记》曰："从容言天下事甚众，非天下所以存亡，故不著。"是以君子观其厚而小人察其薄。

庚子（前201年），冬十二月，帝依陈平计，智擒楚王韩信，后赦为淮阴侯。韩信，当世武功第一，然而身处危位而不自觉，多次拥兵自重要挟刘邦，令刘邦芒刺在背。独非刘邦鸟尽弓藏，亦则韩信自取灭亡，换作历代任何明主，韩信都难有第二条出路。若是王翦，早就交出兵权，收敛锋芒，安住京畿，韩信实乃德浅而难载大物。

刘邦既擒韩信，田肯对刘邦谏言，分析关中固然有高屋建瓴的地理优势，然而齐地亦不容小觑，地理优势可称"东秦"，曰："夫齐，东有琅邪、即墨之饶，南有泰山之固，西有浊河之限，北有勃海之利。……故此东西秦也。非亲子弟，莫可使王齐矣。"

始剖符封诸功臣为彻侯，师之终竟，大君有命，正功，开国承家（参见《宋本周易注疏》师卦注疏）。萧何居首功，众臣不服，刘邦以猎犬逐兔比之，言辞粗鄙诙谐，实在令人捧腹，然独不见刘邦之君德乎？

春正月，分封同姓诸王，刘邦鉴于秦王室孤立而亡，故大封同姓王以强宗室。封子肥为齐王，以曹参为齐相国。曹参与萧何同为沛县豪吏，通黄老之学，善清静无为之治，相齐九年，齐国安集，人称贤相。后来，代萧何为汉相，举事无所变更，萧规曹随的佳话流芳百世。身居高位，有为容易，无为难。

秋，匈奴寇边，围马邑（治今山西朔州市）。初匈奴畏秦，被迫北徙。及秦灭，稍复南渡河。如今汉战力远不及秦，此消彼长，匈奴成为汉最大的外患。

刘邦令叔孙通制礼乐。叔孙通，薛人，秦时即为博士。后降汉，从儒生弟子百余人。刘邦素厌腐儒，叔孙通则弃儒服，并以群盗壮士进之，谓门下诸生曰："汉王方蒙矢石争天下，诸生宁能斗乎？故先言斩将搴旗之士。"

今令制礼乐，叔孙通因谏曰："夫儒者难与进取，可与守成。""礼者，因时世人情为之节文者也。故夏、殷、周之礼所因损益可知者，谓不相复也。臣愿颇采古礼与秦仪杂就之。"及朝礼初成，刘邦观之曰："吾乃今日知为皇帝之贵也。"

叔孙通才识通达，知时变，不拘泥，不愧于司马迁的评价："汉家儒宗"。刘敬和叔孙通皆有通达致用的真学问，故司马迁将二人合为一传，谓之曰："大直若诎，道固委蛇"。而司马光认为他器小、谐俗取宠、失古礼。曰："大儒者，恶肯毁其规矩、准绳以趋一时之功哉！"唉，或许司马光服务于统治阶级，有他的难处吧。

2019年1月3日　上午记（汉纪）

辛丑（前200年），刘邦不听刘敬劝阻，追击匈奴，被围平城（治今山西大同市东北），七日乃解。

癸卯（前198年），冬，依刘敬建议，与匈奴和亲。十一月，依刘敬建议，迁齐、楚大族（昭、屈、景、怀、田氏）豪杰于关中。司马迁曰："刘敬脱挽辂一说，建万世之安，智岂可专邪！"

春正月，赵王张敖（张耳之子）废，徙代王如意为赵王。

乙巳（前196年），春正月，杀淮阴侯韩信。

三月，杀梁王彭越。

丙午（前195年），冬十月，杀淮南王英布。

高祖定天下，功臣异姓而王者八国，唯吴芮传号五世，以无嗣绝。剪除异姓王，以同姓王取而代之，是加强中央集权的必然之路，也是历史演进的必然，如此便不难理解白马之盟："非刘氏而王，天下共击之。"是时异姓王的唯一出路是主动削藩，韬光养晦，荫庇子孙，有戒曰：乘刚抗之，贵而无位，亢龙有悔。

十二月，刘邦还长安，疾益重，愈欲易太子，叔孙通、张良劝谏，不遂。吕后与戚夫人的储君之争，终以吕后一党胜出结束，其中细节虽隐秘难究，但叔孙通、张良等智者力保太子，可见当时大势所趋。

诏陈平斩樊哙，以周勃代将其军。平传哙诣长安。刘邦临终欲立赵王如意为太子，并欲斩杀樊哙，有制衡吕后一党之意，亦可见吕后经营多年，羽翼已丰，已为刘氏之患。《易·坤卦》曰："龙战于野。"阴盛而不知自已，固阳之地，是所以见疑于阳，必战。

夏四月，帝崩，太子盈即位，是为孝惠皇帝，尊吕后为皇太后。

2019年1月7日　下午记（汉纪）

丁未（前194年），冬十二月，吕后杀赵王如意。惠帝仁弱，吕后专权。吕后对戚夫人与赵王如意的极端报复，实属情绪宣泄，毫无政治智慧可言。

戊申（前193年），冬十月，齐王肥来朝，吕后欲以鸩酒杀之，未遂。

秋七月，相国萧何卒，曹参代之。曹参贤能仅次萧何，位极人臣，贵在无为。有言曰："萧何为法，较若画一。曹参代之，守而勿失。载其清净，民以宁一。"

己酉（前192年），春，与匈奴和亲。

庚戌（前191年），三月，除挟书律（秦始皇从李斯议，设挟书律，敢有挟书者族）。吕后对于刘氏宗亲的迫害限于政权斗争，施政则可圈可点，继续与民休息的大政。

辛亥（前190年），秋八月，相国曹参卒。翌年，以王陵为右丞相，陈平为左丞相，周勃为太尉。

　　癸丑（前188年），秋八月，汉孝惠皇帝刘盈崩。张辟疆谓陈平曰："帝无壮子，太后畏君等。君今请拜吕台、吕产、吕禄为将，将兵居南北军，及诸吕皆入宫，居中用事，如此则太后心安，君等幸得脱祸矣。"张辟疆，张良之子，已有乃父之风。

　　太后议欲立诸吕为王，陈平、周勃从之，独王陵劝谏。及退，陈平、周勃谓王陵曰："于今面折廷争，臣不如君；夫全社稷，定刘氏之后，君亦不如臣。"一语道尽政治的复杂性。

　　甲寅（前187年），高皇后吕氏元年，吕太后临朝称制。

2019年1月11日　上午记（汉纪）

　　戊午（前183年），有司请禁南越关市、铁器，南越王赵佗遂反。

　　庚申（前181年），秋七月，赵王恢自杀（吕后先幽杀赵王友，以梁王恢代之）。太后欲徙代王恒王赵，恒三谢之，遂以吕禄为赵王。赵国自春秋战国就是利益之枢，凶险之地，刘恒拒绝王赵可见其智慧。

　　朱虚侯刘章借酒令杀一吕姓者，可见当时局势，吕氏仅赖吕后一人支撑，而刘氏却根深蒂固。陆贾为陈平谋划曰："天下安，注意相；天下危，注意将。将相和调，则士豫附；天下虽有变，权不分。为社稷计，在两君掌握耳。君何不交欢太尉？"陈平遂与周勃相结，吕氏势危。

　　陆贾也是叔孙通一般的通达大儒，初劝谏刘邦，曰："居马上得之，宁可以马上治之乎？"遂著《新语》十二篇，论述秦亡汉兴、天下得失之道。司马迁曰："固当世之辩士。"世俗以为历史上实现"三立"价值的人不过三四人耳，余以为过于偏重"立功"，轻淡了"立德"。

辛酉（前180年），吕后崩，遗诏吕产为相国，吕禄女为帝后。齐王襄、大将军灌婴、太尉周勃、丞相陈平、朱虚侯章诛产、禄及诸吕。诸大臣迎立代王恒，是为汉孝文皇帝。

其间，周勃入北军，曰："为吕氏右袒，为刘氏左袒。"军中皆左袒。足见刘氏天命不绝，而吕氏根基浅薄。吕后不谙大势，倒行逆施，导致灭族之灾。

齐王襄发兵讨吕，印证了田肯对刘邦的谏言，齐国地理优势堪称"西秦"，非亲子弟，莫可使王齐，真是一言兴邦。刘邦初约定"同姓而王"，正是为了如今宗室诸王拱卫中央的局面。然而，剪除异姓诸王过于迅疾，刘氏宗亲势力未及成长，外戚缺少制衡，故而给了吕后机会。此已是后话，非人力可为，仅为后世之鉴。

2019年1月20日　上午记（汉纪）

　　壬戌（前179年），太宗孝文皇帝元年，冬十月，以陈平为左丞相，周勃为右丞相，灌婴为太尉。陈平谢病，以右丞相让周勃，勃志得意满而有骄色。武夫周勃因立主之功正得其时，然而不知与时进退，之后沉浮也是必然。

　　十二月，除"收帑诸相坐"律令。法术治国不合时宜，儒术治国时势所趋。

　　秋八月，右丞相周勃免，陈平专为丞相。《易·解卦》曰："负且乘，致寇至"，"自我致戎，又谁咎也"。子曰："负也者，小人之事也；乘也者，君子之器也。小人而乘君子之器，盗思夺之矣。上慢下暴，盗思伐之矣。"

　　遣陆贾出使南越，南越王赵佗称臣奉贡。赵佗颇识大体，当时叛汉，乃因吕后失德。赵佗上书汉文帝，自称"蛮夷大长老夫臣佗"，曰："老夫，故粤吏也，高皇帝幸赐臣佗玺，以为南越王。……今陛下幸哀怜，复故号，通使汉如故。老夫死骨不腐，改号不敢为帝矣。"

以洛阳人贾谊为大中大夫，儒士适得其时。贾谊的《过秦论》《治安策》辞肥意瘠，见识平庸。若在汉高祖时，此等文章不值一提，此等儒士亦弃之如敝履。文帝时，天下和洽，有处变之才、独立意志较强的道士（张良、萧何、陈平）渐失其时，中规中矩、忠君意识更强的儒士渐得其时。所谓君子得其时则驾，不得其时则蓬累而行，此一时正是儒士得时乘势而建功立业之机，也是道士退隐养晦而修身建德之时。

袁盎颇有不俗。周勃用事时，盎进言曰："绛侯所谓功臣，非社稷臣，社稷臣主在与在，主亡与亡。"再有劝谏文帝莫恣意行险，盎曰："臣闻千金之子坐不垂堂，百金之子不骑衡，圣主不乘危而徼幸。"后来引却慎夫人莫与皇后同席，盎曰："臣闻尊卑有序则上下和。今陛下既已立后，慎夫人乃妾，妾主岂可同坐哉！""陛下独不见人彘乎？"

甲子（前177年），以张释之为廷尉。张释之初为公车令，因太子（汉景帝）与梁王共车入朝，不下司马门，弹劾太子不敬之罪，为后来景帝时期他的失意埋下伏笔。儒士做事直切，不留余地，倒也可爱可敬，然而容易成为统治阶级的公器，盛衰起伏，身不由己。

2019年1月22日　上午记（汉纪）

丁卯（前174年），冬，淮南王刘长谋反，被废徙蜀，道死，谥曰厉王。初袁盎谏曰："诸侯大骄必生患，可适削地。"贾谊上《治安策》曰："欲天下之治安，莫若众建诸侯而少其力。"皆弗用。

刘邦鉴于历史经验，在郡县制的基础上提出分封同姓宗王拱卫王室，颇有成效，尤其体现在吕氏之乱上。然而，水无常形，情境时迁，放任同姓宗王强大，缺乏制衡，亦有祸乱。贾谊、袁盎、晁错等儒士多有言削诸侯事，汉文帝履霜不知坚冰至，患之兴自此起矣。

壬申（前169年），匈奴寇狄道（治今甘肃临洮县）。晁错谏言兵事疏，可以概括为三点：一曰良将（安边境，立功名，在于良将）；二曰合刃之急（合刃之急者三：得地形，卒服习，器用利）；三曰小大异形（合小以攻大，敌国之形也；以蛮夷攻蛮夷，中国之形也）。帝嘉之。错又谏言募民徙边，帝从之。

乙亥（前166年），冬，匈奴入寇。文帝欲得廉颇、李牧之良将而不能，冯唐论将（详见《史记》）曰："陛下虽得廉颇、李牧，弗能用也。"汉文帝因赦魏尚复为云中（今内蒙古托克托县东北）守，拜冯唐为车骑都尉。司马迁曰："冯公之论将率，有味哉！有味哉！"

丁丑（前164年），分齐地，立悼惠王刘肥之子六人为王。分淮南地，立厉王刘长之子三人为王。

己卯（前162年），夏，复与匈奴和亲。匈奴边患日益严重，然而诚如晁错的形势分析，对匈奴大规模用兵的时机还不成熟。

癸未（前158年），冬，匈奴寇上郡（今陕西北部及内蒙古乌审旗等地）、云中，上诏将军周亚夫屯兵以备之。周亚夫，周勃次子，治军有方，军容严肃，天子观之动容。

甲申（前157年），夏六月，帝崩，太子启即位，是为汉孝景皇帝。汉文帝刘恒在位二十三年，可谓仁政矣。司马迁以为：文帝胜残去杀，载德至盛，堪称仁德。文帝仁德自是不提，然而自陈平以后再无统筹全局的贤相，社稷计略系于皇帝一身。

2019年1月25日 上午记（汉纪）

丁亥（前154年），冬十月，梁王武来朝。梁王刘武为窦太后少子，故有宠。景帝尝与宴饮，轻言百年后传位于武。令人不由浮想"郑伯克段于鄢"之故事。

春正月，吴王濞、胶西王卬、胶东王雄渠、淄川王贤、济南王辟光、楚王戊、赵王遂反，史称七国之乱。遣大将军窦婴、太尉周亚夫将兵讨之。

晁错曰："吴王诱天下亡人谋作乱。今削之亦反，不削之亦反。削之，其反亟，祸小；不削，其反迟，祸大。"诸侯振恐，吴王先起兵，诸侯遂并力发兵西。

窦婴、袁盎进谏，上因斩晁错欲以息众怒，遣袁盎谕告，不止。邓公曰："吴王为反数十年矣，发怒削地，以诛错为名，其意非在错也。且臣恐天下之士噤口，不敢复言也！"

晁错之死，错父早已料之曰："刘氏安矣而晁氏危！"夫不见商鞅、吴起前车之鉴乎？

周亚夫主攻吴、楚军，春二月，乱平。周亚夫战略得当，一面使梁王牵制吴、楚联军，一面会兵荥阳，将叛军拒之以东，曰："今吾据荥阳，荥阳以东，无足忧者。"战术灵活，奇兵出武关，轻骑断吴楚粮道，待吴楚士卒饥死叛散而后一击破之。

2019年1月27日　上午记（汉纪）

辛卯（前150年），冬十一月，废太子荣为临江王，栗姬恚恨而死。夏四月，立王夫人为皇后，胶东王彻为皇太子。

戊戌（前143年），下条侯周亚夫狱，亚夫不食而死。周亚夫武略可比司马穰苴，文帝谓之曰："即有缓急，周亚夫真可任将兵。"景帝谓之曰："此怏怏者非少主臣也。"昔者托孤之臣而为今日弃臣，何也？司马迁曰："足己而不学，守节不逊，终以穷困。"《易·谦卦》曰："人道恶盈而好谦，谦尊而光，卑而不可逾，君子之终也。"鼎器得玉铉而圆满，何为玉铉？以阳居阴，刚而能柔，是为玉铉。

庚子（前141年），春正月，汉景帝崩，太子彻即位，是为汉孝武皇帝。景帝在位十六年，延续文帝仁政，重农轻赋，与民休息，对匈奴继续怀柔政策。

上午记（汉纪）

　　辛丑（前140年），汉孝武皇帝元年，冬十月，以董仲舒为江都（今江苏扬州市西南）相，自此启儒士之盛时。自文帝起，颇用儒士，然诸生不过博士待问，未有进者。

　　董仲舒对武帝三策问，洋洋洒洒，云山雾绕，似有所云。大有为的汉武帝需要更加强力的中央集权，亟待意识形态统一，为其大有为之政铺垫。董仲舒这般的儒士、儒术适逢时政，然后世冠以"天人三策"之称名不副实，"君权神授、独尊儒术"更是强行附会，不过是时政需求下的穿凿解读而已。故而董仲舒的盛名乃时世所造，而身后的骂名亦时世所赐，是所谓"公器"耳。且今语之"天命""神鬼"等词大失古义，误解更甚。

　　夏六月，以窦婴为丞相，田蚡为太尉，（婴、蚡皆好儒）儒士赵绾为御史大夫，儒士王臧为郎中令。

壬寅（前139年），冬十月，赵绾、王臧下吏，自杀。丞相窦婴、太尉田蚡免。以石建为郎中令，石庆为内史。赵绾、王臧等儒士行事直切，好大喜功，颇合武帝意。窦太后勉为黄老之学，然而时不与之。修道之士已失其时，何不以石奋（万石君）为法，谨言慎行，囊括无咎。

2019年2月14日　下午记（汉纪）

　　丙午（前135年），夏五月，太皇太后窦氏崩。武帝遂集大权于一身，儒术治国的大政再无掣肘。

　　以汲黯为主爵都尉。当时得意者或是文采华丽的儒士，或是文深苛小的刀笔吏，黯则颇有不俗。黯治官理民，好清静，责大指而不苛小节，弘大体而不拘文法。

　　然而其性愚直，好直谏，数犯主之颜色，尝曰："陛下内多欲而外施仁义，奈何欲效唐虞之治乎！"

　　丁未（前134年），冬十一月，遣将军李广、程不识将兵屯北边。

　　戊申（前133年），夏六月，遣间诱匈奴单于入武州塞（今山西左云县南），将军王恢等伏兵于马邑（治今山西朔州市）旁，匈奴未至而先觉，不获。

2019年2月15日　下午记（汉纪）

　　辛亥（前130年），通南夷，置犍为郡（今四川宜宾市）；通西夷，西至沫水（大渡河）、若水（雅砻江），南至牂柯（治今贵州凯里市西北），置一都尉，意在制约南越王。

　　秋七月，诏张汤、赵禹定律令，务在文深。拘守职之吏，作见知法，吏传相监司，用法益刻自此始。重用酷吏是加强中央集权的手段，然而事益多，则民巧法，法益刻，则上下相遁，以至于"法令滋章，盗贼多有"。而酷吏作为彻底的工具人，不积仁德，皆难有善终，所谓"积不善之家必有余殃"。

2019年2月17日　下午记（汉纪）

辛亥（前130年），八月，以公孙弘为博士。班氏评曰："以鸿渐之翼困于燕雀，远迹羊豕之间，非遇其时，焉能致此位乎？"公孙弘有才，然而为人意忌，外宽内深，盖因儒术矫饰耳。

癸丑（前128年），以主父偃、徐乐为郎中。主父偃上书劝谏伐匈奴一辞或可一读。徐乐上书所谓"土崩瓦解"颇有趣，他认为"天下之患在于土崩，不在于瓦解"。秦之末世，陈胜虽氓隶之人、迁徙之徒，借天下大势足以乱秦，此谓之土崩；景帝时吴、楚七国，虽万乘之王，带甲数十万，不凭势借力，亦不能西攘尺寸之地，此谓之瓦解。

甲寅（前127年），春正月，匈奴入寇，遣卫青等将兵击之，取河南地，立朔方郡（治今内蒙古杭锦旗北）。

上欲以孔臧为御史大夫，孔臧辞曰："臣

世以经学为业，乞为太常，典臣家业，与从弟侍中安国，纲纪古训，使永垂来嗣。"上乃以臧为太常，其礼赐如三公。孔臧，孔子十二世孙，自乞为太常，德行合一，不愧为孔氏之后。天下王侯贤人，荣则荣矣，没则没矣。孔子布衣，传十余世，子孙不衰，可谓长生久视，积善之家必有余庆，何况至德乎。

戊午（前123年），春二月，遣卫青率六将军（公孙敖、公孙贺、赵信、苏建、李广、李沮）出定襄（治今内蒙古和林格尔县）击匈奴。夏四月，卫青复率六将军击匈奴。

六月，诏民得买爵赎罪。是时，汉朝连年对匈奴大规模用兵，国库空虚，军费不济。遂诏令民鬻爵赎罪。置赏官，名曰武功爵，自此吏道杂而多端，官职耗废矣。

2019年2月21日　下午记（汉纪）

　　己未（前122年），冬，淮南王安、衡山王赐谋反，自杀。元朔二年，用主父偃推恩令，诏诸侯王得分国邑封子弟为列候。且主父偃逼死燕王定国、齐王次景，诸侯人人自危。虽说楚人僄勇轻悍，素好作乱，然而过度挤压诸侯权益，使其失去拱卫中央之功能，亦过犹不及。

　　龙德正中，庸言之信，庸行之谨。中庸之道亦君德也，庸言、庸行犹可观效于高祖。刘邦无可无不可，行事素无定式，不执一端，善听劝谏。即使是对最厌恶的儒生，也是需用则用之。

　　无独有偶，宋太宗赵光义有曰："人君当淡然无欲，勿使嗜好形见于外，则奸佞无有入。"龙德正中，可谓昭然矣！

2019年2月22日　下午记（汉纪）

　　己未（前122年），夏五月，遣张骞出使西域。始通滇国（因滇池名），复事西南夷。初，张骞自月氏还，为武帝具言西域诸国风俗，言其在大夏时见到邛竹杖（邛国，今四川西昌市东南）、蜀布，市之于身毒（天竺国），因此推测身毒与蜀相通，故曰："今使大夏，从羌中，险，羌人恶之；少北，则为匈奴所得；从蜀，宜径，又无寇。"武帝既闻大宛及大夏、安息之属，北有大月氏、康居之属，欲威德遍于四海，乃令发间使，四道并出，求身毒国，终莫得通。

　　庚申（前121年），以霍去病为骠骑将军，击匈奴。败之，过焉支（焉支山，在今甘肃永昌县西、山丹县东南），至祁连山而还。秋，匈奴浑邪王降汉，置五属国以处其众。休屠王太子金日磾没入宫，日渐亲善。武帝性好大喜功，欲发车两万乘迎休屠王，汲黯曰：

"匈奴畔其主而降汉，汉徐以县次传之，何至令天下骚动，罢弊中国而以事夷狄之人乎！"上默然。后数月，黯坐小法，会赦免官，于是退隐田园。

2019年2月24日　下午记（汉纪）

　　壬戌（前119年），冬，造皮币、白金，铸三铢钱，置盐、铁官，算缗钱、舟车。武帝好功绩，南面开路西南夷，北面征伐匈奴，以致国库空虚，其中来龙去脉参见《史记·平准书》与《汉书·食货志》。

　　自周以来，盐铁等资源逐步演化为国家专营，是中央集权逐步加强的必然结果。反观周厉王欲专山林川泽之利，是想从经济层面挽回国家的控制权，然而当时中央权力不足以支撑这样的经济改革。国家对于资源的专营，从当初的"与民争利"到如今的"习以为常"，从盐铁经营权的演变可品其一二。

　　夏，遣卫青、霍去病击匈奴。霍去病封狼居胥山，禅于姑衍。是后匈奴远遁漠北，而漠南无王庭。

　　其间，李广失道，将下吏，广曰："广年六十余矣，终不能复对刀笔之吏。"遂引刀自到。李广，出身武将世家陇西李氏，秦将李信之后。一代忠勇名将，没有战死沙场，却折死于苛吏，怎不令人扼腕叹息。司马迁曰："余睹李将军悛悛如鄙人，口不能道辞。及死之日，天下知与不知，皆为尽哀。"桃李不言，下自成蹊，李将军千古！

以义纵为右内史，王温舒为中尉。前有赵禹、张汤，后有义纵、王温舒，有言曰："赵禹、张汤以深刻为九卿矣，然其治尚宽，辅法而行，而纵以鹰击毛挚为治。"武帝的酷吏之治达到极致，可见性情之锐刻。汤、禹虽官至九卿，却不免终朝三褫，何也？"以讼受服，不足敬也。"

复起汲黯为淮阳太守，后令黯以诸侯相秩居淮阳，终卒于任上。武帝时，仅汲黯一人可称贤臣。是时宽仁通达之贤人隐没，深刻钻营之狭器显世。圣人执左契，而不责于人，武帝司彻不司契，失德甚矣。

2019年3月4日　**下午记（汉纪）**

丙寅（前115年），从张骞谏言，西域始通，于浑邪王故地置酒泉郡、武威郡，以绝匈奴与羌通之道。

戊辰（前113年），春，以方士栾大为五利将军，尚公主。于是海上燕、齐之间，莫不搤腕而自言有禁方，能神仙矣，方士之风自此而兴。

丁丑（前104年），夏五月，造太初历，以正月为岁首，始用夏正也。

戊寅（前103年），春正月，丞相石庆卒，以公孙贺为丞相。是时丞相比坐事死，贺不得已拜，曰："我从是殆矣！"

壬午（前99年），夏，遣李广利将兵击匈奴，别将李陵（李广之孙）战败降虏。匈奴单于善待陵，武帝遂族陵母弟妻子，自是陇西李氏名败。

遣绣衣直指（也称"绣衣使者""绣衣御

史"），发兵击东方盗贼，诛杀两千石以下官吏甚众。绣衣直指使者以诛杀官吏众多而闻名，王贺独以宽纵行事，以奉使不称而免，叹曰："吾闻活千人者，子孙有封，吾所活者万余人，后世其兴乎！"王贺，孝元皇后王政君之祖父，王莽之太祖。

庚寅（前91年），秋七月，皇后卫氏及戾太子据自杀。

癸巳（前88年），秋七月，杀钩弋夫人赵氏。

甲午（前87年），春二月，立弗陵为皇太子，以霍光（霍去病弟）为大司马，金日磾为车骑将军，上官桀为左将军，受遗诏辅少主。帝崩，太子弗陵即位，是为孝昭皇帝。武帝好大喜功，海内虚耗，以汉家百年气数换来一世功名。晚年恣意妄为尤甚，枉杀太子据更是动了刘氏根基，汉朝自此陡转而下。

2019年3月11日 下午记（汉纪）

乙未（前86年），汉孝昭皇帝元年。燕王旦谋反，敕弗治。

庚子（前81年），春，苏武自匈奴还，拜为典属国。武留匈奴凡十九岁，始以强壮出，及还，须发尽白。

辛丑（前80年），八月，燕王旦、上官桀父子等谋反，皆伏诛。燕王旦何以屡叛？自文、景以来为了消除诸侯王的威胁，武帝用推恩令极大地分化了诸侯王的力量，加之用法严峻，诸侯动辄坐法，以致矫枉过正，从制度上否定了同姓诸王拱卫中央的功能，故而宗室离心叛德。金日磾既没，上官桀伏诛，大将军霍光自此总揽政权。

甲辰（前77年），六月，汉遣傅介子诱杀楼兰王安归，立尉屠耆（其弟在汉者）为王，更名其国为鄯善，封傅介子为义阳侯。傅介子阴杀楼兰王，固然有勇有谋，乃一奇人。

然而用阴谋处置外交，终非大国之道。司马光曰："后有奉使诸国者，复可信乎！且以大汉之强而为盗贼之谋于蛮夷，不亦可羞哉！"诚然有孚盈缶，舍逆取顺，大国亲比之道（比者，辅也；详参《易经》比卦）。由此观之，可见当时汉朝国力之衰弱，难以威服荒夷，故而盗贼之谋，因时因势不得已而为之，宜执之以中，可行（默许）而不可过（嘉奖）。

2019年3月22日　上午记（汉纪）

　　丁未（前74年），夏四月，帝崩，无嗣。大将军霍光迎立昌邑王刘贺即位，尊皇后曰皇太后。不期月，昌邑王获罪，大将军光率群臣奏太后废之。秋七月，迎立武帝曾孙病已（戾太子刘据之孙），是为孝宣皇帝。

　　霍光废昌邑王可比伊尹放太甲（史称"伊霍"），霍光独揽政权的背后是武帝期间权力过度集中导致的政治失衡。"淫戏无度"此类莫须有罪名令人生疑，昌邑王的种种恶行太过荒诞，其中细节真伪难辨。总之，霍光废掉了一个背景深厚、不受控制的昌邑王，迎来了一个卧薪尝胆、韬光养晦的刘病已，霍氏之祸，刘氏之福。

　　戊申（前73年），孝宣皇帝元年，春，大将军霍光请归政，上不受。自昭帝时，霍氏党亲连体，根据于朝廷。上官氏诛，光独揽朝政。及昌邑王废，光秉持万机，权威益重。

故而霍光归政，宣帝岂敢受焉。光每朝见，宣帝虚己敛容，礼下之已甚，有言为证："大将军光从骖乘，上内严惮之，若有芒刺在背。"

2019年3月23日　上午记（汉纪）

己酉（前72年），夏，宣帝下诏，欲褒武帝功德，群臣廷议皆附诏，夏侯胜独曰："武帝虽有攘四夷广土斥境之功，然多杀士众，竭民财力，奢泰亡度，天下虚耗，百姓流离，物故者半。……亡德泽于民，不宜为立庙乐。"胜遂因非议诏书下狱，丞相长史黄霸阿纵胜，不举劾，俱下狱。

夏侯胜字长公，为学精孰，所问非一师也，尤其尚书学自成一派。狱中黄霸求学于胜，曰："朝闻道，夕死可矣。"更是一段佳话。天地闭，贤人隐，反而思之，宣帝明德，夏侯胜、黄霸才得以显世。

庚戌（前71年），春正月，大将军光妻弑皇后许氏。初，宣帝不立大将军女为皇后，而立微时许妃为后，就已置许氏于险地。

辛亥（前70年），春三月，立大将军光女为皇后。宣帝之隐忍可见一斑。反观霍光，久专权柄，经营私党，不知天道恶盈，难怪班氏评价其"不学无术"。

夏四月，以夏侯胜为谏大夫，黄霸为扬州刺史。后胜复为长信少府，迁太子太傅，受诏撰《尚书》《论语说》。年九十卒，太后为胜素服五日，以报师傅之恩，儒者以为荣。

2019年3月25日　下午记（汉纪）

癸丑（前68年），春，霍光病笃，车驾自临问，上为之涕泣。三月，大司马、大将军、博陆侯霍光薨，谥曰宣成侯。下诏复其后世，畴其爵邑，世世无有所易。班氏评曰："霍光受襁褓之托，任汉室之寄，匡国家，安社稷，拥昭，立宣，虽周公、阿衡何以加此！"

夏四月，以张安世为大司马、大将军，领尚书事。

以霍山（霍光兄霍去病之孙）为奉车都尉领尚书事。魏相奏封事，言"《春秋》讥世卿，恶宋三世为大夫，及鲁季孙之专权，皆危乱国家。"

甲寅（前67年），六月，以魏相为丞相，丙吉为御史大夫。宣帝以怀柔手段，一面安抚霍党，一面任用贤臣取而代之。宣帝兴于闾阎，知民事之艰难。霍光既薨，始亲政事，厉精为治，是以汉世良吏，于是为盛，史称"中兴"。

冬十二月，置廷尉平。武帝时，奸猾巧法转相比况，禁罔浸密，律令烦苛。奸吏因缘为市，所欲活则傅生议，所欲陷则予死比，议者咸冤伤之。《尚书》曰："与其杀不辜，宁失不经。好生之德，洽于民心，兹用不犯于有司。"

乙卯（前66年），秋七月，霍氏谋反，伏诛，夷其族。皇后霍氏废。霍光之辅汉室，可谓忠矣；然卒不能庇其宗，何也？司马光评曰："夫威福者，人君之器也。人臣执之，久而不归，鲜不及矣。""而光久专大柄，不知避去，多置私党，充塞朝廷，使人主蓄愤于上，吏民积怨于下，切齿侧目，待时而发，其得免于身幸矣，况子孙以骄侈趣之哉！"《易·小畜卦》曰："妇贞厉，月几望。"妇制其夫，臣制其君，虽复贞正，而近危厉也。

2019年3月28日　　晚记（汉纪）

　　是岁，以龚遂为水衡都尉。先是，上拜遂为渤海太守。召见，问："何以治勃海，息其盗贼？"对曰："今欲使臣胜之邪，将安之也？"上曰："选用贤良，固欲安之也。"遂曰："臣愿丞相、御史且无拘臣以文法，得一切便宜从事。"上许焉。遂罢逐捕盗贼吏，开仓廪假贫民，选用良吏，慰安牧养焉。民安土乐业，盗贼悉平。遂乃躬率以俭约，劝民务农桑，劳来循行，郡中皆有畜积，狱讼止息。

　　丁巳（前64年），匈奴扰车师，上欲出兵击之，使不得复扰西域。魏相上书劝谏，以为：义兵王，应兵胜，忿兵败，贪兵死，骄兵灭，今师出而无名；且大军之后，必有凶年，恐季孙之忧不在颛臾而在萧墙之内也。上从相言而止。

　　戊午（前63年），封御史大夫丙吉为列侯。吉为人深厚，不伐善。武帝末，巫蛊事起，吉有保全皇曾孙（宣帝）之功。吉绝口不道前恩，故朝廷莫能明其功也。上亲见问，然后知吉有旧恩，大贤之，封吉为博阳侯。后五岁，代魏相为丞相。

是时，君明臣贤，上下一志，可谓元首股肱一体。班氏曰："近观汉相，高祖开基，萧、曹为冠；孝宣中兴，丙、魏有声。是时黜陟有序，众职修理，公卿多称其位，海内兴于礼让。"

2019年4月1日 　下午记（汉纪）

　　庚申（前61年），夏四月，遣将军赵充国击先零羌杨玉。赵充国，陇西上邽人，时年七十余，曰："百闻不如一见。""然羌戎小夷，逆天背畔，灭亡不久，愿陛下以属老臣，勿以为忧！"赵将军老当益壮，意气风发，何其壮哉！

　　秋七月，赵充国引兵击叛羌，叛羌多降。充国善用谋略，兵击先零羌，威服罕、开（羌族部落），颇有庖丁解牛之意味。其间，宣帝虽有责让，充国多次上奏，言明军策利弊得失，上终从之。丞相魏相曰："臣愚不习兵事利害，后将军数画军策，其言常是，臣任其计可必用也。"是时，将在外有便宜行事之权，中枢亦无掣肘，足见政治协调。

　　秦汉以来，关东出相，关西出将。班氏评曰："天水、陇西、安定（治今宁夏固原市）、北地（治今甘肃庆城县西北）处势迫近羌胡，民俗修习战备，高上（尚）勇力鞍马骑射。""其风声气俗自古而然，今之歌谣慷慨，风流犹存耳。"《诗经·秦风》纵然诉说男女之情，依然一番悲瑟豪迈之情，君不闻"蒹葭苍苍，白露为霜。所谓伊人，在水一方"。地理文化属性使之然也。

　　上午记（汉纪）

是岁，郑吉既破车师，降日逐，威震西域，遂并护车师以西北道，故号都护。都护之置，自吉始焉。吉于是中西域而立幕府，治乌垒城（今新疆轮台县东），去阳关（今甘肃敦煌市西南）二千七百余里，镇抚诸国（乌孙、康居等三十六国），诛伐怀集之。汉之号令班西域矣，始自张骞而成于郑吉。

壬戌（前59年），春三月，丞相魏相卒。夏四月，以丙吉为丞相。秋七月，以萧望之为御史大夫。

2019年4月9日　晚记（汉纪）

　　丙寅（前55年），春正月，丞相丙吉卒。二月，以黄霸为丞相。霸荐史高（戾太子夫人史良娣兄史恭之子）可太尉，天子使尚书召问霸："侍中乐陵侯高帷幄近臣，朕之所自亲，君何越职而举之？"霸材长于治民，及为丞相，总纲纪号令，风采不及丙、魏、于定国，功名有损。然自汉兴，言治民吏，以霸为首。《汉书》为循吏列传，其中大多出仕或名显于宣帝时，有曰："是故汉世良吏，于是为盛，称中兴焉。……王成、黄霸、朱邑、龚遂、郑弘、召信臣等，所居民富，所去见思，生有荣号，死见奉祀，此廪廪庶几德让君子之遗风矣。"。

　　丁卯（前54年），夏四月，杀杨恽。恽，故丞相杨敞子，司马迁外孙，于保全《史记》有功。司马光评曰："以孝宣之明，魏相、丙吉为丞相，于定国为廷尉，而赵（赵广汉）、

114 -

盖（盖宽饶）、韩（韩延寿）、杨（杨恽）之死皆不厌众心，惜哉，其为善政之累大矣！"

戊辰（前53年），春，免京兆尹张敞官，复以为冀州刺史。敞初以切谏显名。自赵广汉诛后，比更守尹，如霸等数人，皆不称职，遂以敞守京兆尹，京兆乃治。方略耳目，发伏禁奸，敞不如广汉，然其政颇杂儒雅，往往表贤显善，不醇用诛罚，以此能自全。

世人皆曰敞无威仪，为妇画眉更为笑谈，萧望之以为："敞能吏，任治烦乱；材轻，非师傅之器。"余以为敞性不羁，有真性情，实属难得。京畿凶险之地，敞不专用诛罚，表贤显善，怀之以柔，可谓"以明庶政，无敢折狱"，颇有汉初道士之风。奈何俗儒用事，名实不分，以名之轻代实之重，鄙矣。

2019年4月13日 上午记（汉纪）

己巳（前52年），匈奴呼韩邪单于款五原塞，愿奉国珍，朝贺甘露三年正旦。诏有司议其仪。

庚午（前51年），甘露三年，春正月，匈奴呼韩邪单于来朝，还居漠南塞下。自是乌孙以西至安息诸国近匈奴者，咸尊汉矣。

上以戎狄宾服，思股肱之美，乃图画功臣十一人于麒麟阁。

诏诸儒讲五经同异，乃立梁丘（梁丘贺）《易》、大小夏侯（夏侯胜、夏侯健）《尚书》、《穀梁春秋》（穀梁赤）博士。

壬申（前49年），冬十二月，宣帝崩，太子奭即位，是为汉孝元皇帝，史高、萧望之、周堪受遗诏辅政。孝宣之治，较之孝武，可谓亨泰，小往大来，天地交而万物通，上下交而其志同。泰道包荒，冯河暴虎亦可为用；无私无偏，不任用亲朋，得尚于中行。

皇太子刘奭柔仁好儒，宣帝尝训诫曰："汉家自有制度，本以霸王道杂之。奈何纯任德教，用周政乎！且俗儒不达时宜，好是古非今，使人眩于名实，不知所守，何足委任！"且叹曰："乱我家者，太子也！"

2019年4月14日 下午记（汉纪）

癸酉（前48年），孝元皇帝元年，以贡禹为谏大夫。禹谏言："古者宫室有制，……今大夫僭诸侯，诸侯僭天子，天子过天道，其日久矣。唯陛下深察古道，从其俭者。"天子纳善其忠，罢宫馆希幸者，减谷食马、肉食兽。

司马光评曰："忠臣之事君也，责其所难，则其易者不劳而正；补其所短，则其长者不劝而遂。孝元践位之初，虚心以问禹，禹宜先其所急，后其所缓。然则优游不断，谗佞用权，当时之大患也，而禹不以为言；恭谨节俭，孝元之素志也，而禹孜孜而言之，何哉！使禹之智足不以知，乌得为贤！"

甲戌（前47年），春正月，下萧望之、周堪及宗正刘更生（刘向）狱。望之等患苦许（许嘉）、史（史高）放纵，又疾恭（弘恭）、显（石显）擅权，建白以为："中书政本，国家枢机，宜以通明公正处之。""宜罢中书宦官，应古不近刑人之义。"恭、显奏曰："望之、堪、更生朋党相称举，数谮诉大臣，毁离亲戚，欲以专擅权势。为臣不忠，诬上不道，请谒者召致廷尉。"

冬十二月，望之仰天叹曰："吾尝备位将相，年逾六十矣，老入牢狱，苟求生活，不亦鄙乎！"遂饮鸩自杀。天子闻之惊，拊手曰："曩固疑其不就牢狱，果然杀吾贤傅！"乃却食涕泣，哀动左右。宦者石显为中书令。

司马光评曰："在中智之君，孰不感动奋发以厎邪臣之罚！孝元则不然。"元帝仁弱好儒，已失王道；亲比外戚、宦官，又失中正，汉自此而衰。

2019年4月18日　**下午记（汉纪）**

　　乙亥（前46年），罢珠厓郡（今海南海口市琼山区）。武帝元鼎六年（前111年）置珠厓、儋耳郡。待诏贾捐之曰："臣闻尧、舜、禹之圣德，地方不过数千里，……言欲与声教则治之，不欲与者不强治也。""孝文皇帝偃武行文，当此之时，断狱数百，赋役轻简。孝武皇帝厉兵马以攘四夷，天下断狱万数，赋烦役重，寇贼并起，军旅数发，父战死于前，子斗伤于后，女子乘亭障，孤儿号于道，老母、寡妇饮泣巷哭，是皆廓地泰大，征伐不休之故也。今关东民众久困，流离道路。""愿遂弃珠厓，专用恤关东为忧！"

　　戊寅（前43年），待诏贾捐之弃市。贾捐之与杨兴善，兴曰："显方贵，上信用之；今欲进，第从我计，且与合意，即得入矣！"捐之即与兴共为荐显奏，称誉其美，以为宜赐爵关内侯。石显闻知，白之上，乃下兴、捐之狱，令显治之。捐之竟坐弃市，兴髡钳为城旦。

壬午（前39年），冬十二月，以匡衡为太子少傅。衡上疏有言，言辞眩目，吾实不知其所言何云。

乙酉（前36年），秋七月，以匡衡为丞相。

冬，西域副校尉陈汤矫制发兵，与都护甘延寿斩杀匈奴郅支单于。

戊子（前33年），春正月，匈奴呼韩邪单于来朝。匈奴呼韩邪单于闻郅支既诛，且喜且惧。入朝，自言愿婿汉氏以自亲，帝以后宫良家子王嫱（字昭君）赐单于。

夏，封甘延寿为义成侯，赐陈汤爵关内侯。石显、匡衡以为："延寿、汤擅兴师矫制，幸得不诛，如复加爵土，则后奉使者争欲乘危徼幸，生事于蛮夷，为国招难。"帝内嘉延寿、汤功而重违衡、显之议，久之不决。

五月，帝崩，太子骜即位，是为汉成帝。以王凤（孝元皇后王政君兄，王贺之孙）为大司马、大将军，领尚书事。班氏曰："元帝多材艺，善史书，鼓琴瑟，吹洞箫，自度曲，被歌声，分刌节度，穷极幼眇。少而好儒，及即位，征用儒生，委之以政，贡、薛、韦、匡迭为宰相。而上牵制文义，优游不断，孝宣之业衰焉。"

2019年5月3日　晚记（汉纪）

　　己丑（前32年），孝成皇帝元年，石显以罪免归故郡，道死。诸所交结以显为官者，皆废罢。如此倒也应验了元帝对于宦官的认识：显为中人，无外党无后嗣，难成气候。

　　封舅王崇（王凤同母弟）为安成侯；赐舅谭、商、立、根、逢时（王凤庶弟）爵关内侯。太后诸弟皆以无功为侯，外戚未曾有也。王氏之兴自凤始。

　　辛卯（前30年），秋，大雨，京城民讹言大水至。大将军凤以为："太后与上及后宫可御船，令吏民上长安城以避水。"君臣皆从凤议。左将军王商（宣帝母王翁须之兄乐昌侯王武子）独曰："自古无道之国，水犹不冒城郭；今政治和平，世无兵革，上下相安，何因当有大水一日暴至？此必讹言也！不宜令上城，重惊百姓。"上乃止。问之，果讹言。上于是美壮商之固守，数称其议；而凤大惭，自恨失言。

2019年5月7日　下午记（汉纪）

　　壬辰（前29年），夏，上悉召前所举直言之士，诣白虎殿对策。是时上委政王凤，议者多归咎焉。谷永知凤方见柄用，阴欲自托，乃曰："百官盘互，亲疏相错，骨肉大臣有申伯之忠，无重合、安阳、博陆之乱。窃恐陛下听晻昧之谮说，归咎乎无辜，重失天心，不可之大者也。"复曰："陛下诚深察愚言，解偏驳之爱，平天覆之施，使列妾得人人更进。益纳宜子妇人，毋择好丑，毋避尝字，以慰释皇太后之忧愠，解谢上帝之谴怒，则继嗣蕃滋，灾异讫息矣。"盖投成帝之所好（女色）。遂以永为光禄大夫。

　　世人皆曰宦者、外戚奸佞之类，谈之而色变。余以为守王道执中正，冯河、暴虎皆可为用，何况宦者、外戚乎！百官盘互，亲疏相错，互相制衡，朝廷乃固。小人与君子并存，互为节制，人皆知止，乃成人文；如阳刚与阴柔交错，天之文也。宣帝所言"汉家自有制度，本以霸王道杂之"，近矣。

儒者皆曰谷永攀炎附势、忠信不足。今成帝委政于外戚，大势已成。乘者，君子之器也；负者，小人之事也。君子乘势而有为，小人负势而欺世。私以为谷永乘势而为者也。

谷永固然博学经书，能学以致用，然而这一时期更有偏重治学的刘向、扬雄这样的大学士，收集百家杂说，文化承前启后。班氏曰："自孔子后，缀文之士众矣，唯孟轲、孙（荀）况、董仲舒、司马迁、刘向、扬雄，此数公者，皆博物洽闻，通达古今，其言有补于世。"

扬雄字子云，蜀郡成都人也。少而好学，不为章句，训诂通而已，博览无所不见。为人简易佚荡，口吃不能剧谈，默而好深湛之思，清静亡为。自有下度：非圣哲之书不好也；非其意，虽富贵不事也。雄恬于势利，好古乐道，其意欲求文章成名于后世，以为经莫大于《易》，故作《太玄》；传莫大于《论语》，作《法言》。用心于内，不求于外，于时人皆忽之；唯刘歆及范逡敬焉，而桓谭以为绝伦。

刘歆尝谓雄曰："空自苦，今学者有禄利，然向不能明《易》，又如《玄》何？吾恐后人用覆酱瓿也。"雄笑而不应。

桓谭曰："今诸子之书文义至深，而论不诡于圣人，若使遭遇时君，更阅贤知，为所称善，则必度越诸子矣。"

2019年5月10日　上午记（汉纪）

甲午（前27年），御史大夫张忠奏京兆尹王尊罪，尊坐免官。湖（今河南卢氏县北）三老公乘兴等上书讼："尊治京兆，尽节劳心，夙夜思职，拨剧整乱，诛暴禁邪，皆前所稀有。昨以京师贼乱，选用为卿；贼乱既除，即以佞巧废黜。一尊之身，三期之间，乍贤乍佞，岂不甚哉！"于是复以尊为徐州刺史。宣帝时以龚遂为渤海太守治盗贼，遂曰："臣愿丞相、御史且无拘臣以文法，得一切便宜从事。"文法深密之弊，难以言说，可以意会。

乙未（前26年），上求遗书于天下。刘向以王氏权位太盛，因奏之。上心知向忠精，然终不能夺王氏权。刘向字子政，本名更生，楚元王刘交（高祖同父少弟）玄孙。向固然精忠，然而宗室孱弱，难以制约外戚，成帝无可奈何。

丙申（前25年），夏四月，诏收乐昌侯王

商丞相印、绶，商以忧卒。王商是唯一可以牵制王凤的人，成帝怎会不知。王氏子弟皆卿、大夫、侍中、诸曹，分据势官，满朝廷。杜钦（谷永之类）见凤专政泰重，戒之曰："愿将军由周公之谦惧，损穰侯之威，放武安之欲，毋使范雎之徒得间其说。"凤不听。王凤权势之大，亦可见于后事两则：

一则，刘向少子歆通达有异材，上欲以为中常侍，临当拜，左右皆曰："未晓大将军。"

二则，成帝为了安抚王凤，下京兆尹王章狱，杀之。

上午记（汉纪）

己亥（前22年），秋八月，大司马、大将军凤卒，以王音代之。初，王谭（凤弟）倨，不肯事凤，而音（凤从弟）敬凤，卑恭如子，故凤荐之。

癸卯（前18年），冬十一月，废皇后许氏（恭哀皇后堂兄平恩侯许嘉之女）。以赵飞燕姊妹为婕妤，贵倾后宫。班婕妤亦失宠，求供养太后于长信宫。成帝驾崩后，求侍陵。班婕妤素有贤名，危难之中，处置有度，令人赞叹。

乙巳（前16年），五月，封王莽为新都侯，迁骑都尉、光禄大夫、侍中。王莽字巨君，孝元皇后之弟（王曼）子也。莽少孤，元后怜之。莽群兄弟皆将军五侯子，乘时侈靡，以舆马声色佚游相高，莽独折节为恭俭。受《礼经》，师事沛郡陈参，勤身博学，被服如儒生。外交英俊，内事诸父，曲有礼意。大将军凤病，莽侍疾，亲尝药，乱首垢面，不解衣带连月。凤且死，以托太后及帝，拜为黄门郎，迁射声校尉。及封侯，莽爵位益尊，节操愈谦，散财振施宾客，家无所余。收赡名士，交结将、相、卿、大夫甚众。故在位更推荐之，游者为之谈说，虚誉隆洽，倾其诸父矣。

2019年5月25日　晚记（汉纪）

是岁，六月，立赵婕妤为皇后。汉成帝一生，充满矛盾，颇有戏剧色彩，是写剧本的好素材。其晚期宠爱赵氏姐妹，冒天下之大不韪而立赵氏为后，应是其内心矛盾的长期积压，对外戚专权的不甘与反抗。

谏大夫刘辅上书曰："今乃触情纵欲，倾于卑贱之女，欲以母天下，不畏于天，不愧于人，惑莫大焉！"君子为"童观"（稚童一般的见识，详参《宋本周易注疏》观卦注疏），不亦鄙乎？刘辅识浅，难以理解汉成帝的处境，孔光曰："彰主之过，以奸忠直，人臣大罪也。"故而下狱。

成帝荒乱于酒色之中时，画《纣醉踞妲己图》，谓侍中班伯曰："纣为无道，至于是乎？"言语中尽是其内心的矛盾与挣扎。成帝这般切身体会殷纣王的处境，竟生出惺惺相惜之情。而侍中班伯颇识大体，对曰："《诗》

《书》淫乱之戒，其原皆在于酒！"成帝听言，反而颇为自省。

与刘辅同为宗亲的刘向，则属最体己的大臣，从早期的直言劝谏，到后期的文化慰藉，言语中总能听到长辈对于晚辈的谆谆教诲，言语深切之时，似见君臣二人相拥，涕泣沾襟，同为刘氏前途而落泪。刘向曰："外家日盛，其渐必危刘氏。吾幸得同姓末属，累世蒙汉厚恩，身为宗室遗老，历事三主。上以我先帝旧臣，每进见常加优礼，吾而不言，孰当言者？"成帝召见向，叹息悲伤其意，谓曰："君且休矣，吾将思之。"休矣，休矣，无可奈何矣。

此时不由得不佩服有相似处境的汉宣帝在处置权臣与外戚中的表现。宣帝的心性与见识离不开微时的磨砺，无奈元帝养尊处优，缺乏实践，沉溺于儒术而失王道，任人唯亲而失中正。西汉自武帝而衰（王道未失），自元帝而败。

丙午（前15年），冬十一月，以孔光为御史大夫。光，孔霸之少子也，领尚书，典枢机十余年，守法度，修政事，上有所问，据经法，以心所安而对，不希旨苟合；如或不从，不敢强争，以是久而安。沐日归休，兄弟妻子燕语，终不及朝省政事。是所谓"当否（天地不交，否）之世，君子以俭德辟难，不可荣以禄"。

世人不解三不朽之太上立德，何为立德？何为不朽？孔光乃孔子十四世孙，时至今日孔氏祭祀不断，孔子可谓"立德"，孔子世家可谓"不朽"。

2019年5月27日 上午记（汉纪）

己酉（前12年），秋七月，上以灾变，博谋群臣。谷永对曰："愿陛下正君臣之义，无复与群小媟黩燕饮；修后宫之政，抑远骄妒之宠；朝觐法出而后驾，陈兵清道而后行，无复轻身独出，饮食臣妾之家。三者既除，内乱之路塞矣。"

司马光评贡禹曰："忠臣之事君也，责其所难，则其易者不劳而正；补其所短，则其长者不劝而遂。""使禹之智足不以知，乌得为贤！"永之言亦此类也。

永身陷亲党，难以自处矣。永于经书，泛为疏达，与杜钦、杜邺略等，不能洽浃如刘向父子及扬雄也。其善言灾异，前后所上四十余事，略相反复，专攻上身与后宫而已。党于王氏，上亦知之，不甚亲信也。

冬十二月，槐里令朱云言事得罪，既而释之。时吏民多言灾异王氏专权所致，上以吏民所言亲问张禹（安昌侯禹为天子师）。禹自见年老，子孙弱，又与曲阳侯（王根）不平，恐为所怨，则谓上曰："人罕言命，不语怪神。性与天道，自子贡之属不得闻，何况浅见鄙儒之所言。"圣上雅信爱禹，由此不疑王氏。朱云遂直谏曰："臣愿赐尚方斩马剑，断佞臣（张禹）一人头以厉其余。"云自是之后不复仕，常居鄠（今陕西西安市鄠邑区）田，时出乘牛车从诸生，所过皆敬事焉。

张禹，审时度势，安身保位，不无不可。"谋在于众而断在于独"，成帝非独断之主。昔秦相范雎可以黜太后、逐四贵，皆因秦昭襄王之英明独断也。

朱云字游，有游侠之风，行事狂放不羁，快意恩仇，数犯法亡命。如此行事，却终能化险为夷，可见其看似不经却暗有章法。然而，云秉性不羁，朝堂难容，罢免归隐，反而适得其所。

2019年5月30日　晚记（汉纪）

癸丑（前8年），春二月，立定陶王欣（成帝庶弟刘康之子）为皇太子。成帝无嗣，宗室悬危，定陶王欣以才德之浅薄承汉室之危重，岂不曰哀乎！

封孔吉（孔子十三世孙）为殷绍嘉侯，以封孔子世为汤后。

冬，以王莽为大司马，时年二十八，继四父（凤、音、商、根）而辅政。上以王莽首发大奸，称其忠直，王根因荐莽自代。班氏曰："莽既不仁而有佞邪之材，又乘四父历世之权，遭汉中微，国统三绝，而太后寿考为之宗主，故得肆其奸慝，以成篡盗之祸。推是言之，亦天时，非人力之致矣。"

王莽以大奸似忠而扶摇直上，岂是偶然？眩于名实，大奸伪忠，贤人君子疏远隐没，奸佞小人结党显世，岂非人祸？是以庄子曰："圣人不死，大盗不止。"何为圣人？行为之典范，世俗之标榜；何为大盗？上窃国家，下欺民心，莽之类也。是故老子曰："夫礼者，忠信之薄而乱之首也。""是以大丈夫处其厚，不居其薄，处其实，不居其华。"

儒生问曰："佛氏论善恶报应，如影随形。今某人善，而子孙不兴；某人恶，而家门隆盛；佛说无稽矣。"善恶无报，俗人皆有此惑。

佛家答曰："凡情未涤，正眼未开，认善为恶，指恶为善，往往有之。不憾己之是非颠倒，而反怨天之报应有差乎？"树标榜、建礼法，以名为实，奸邪易伪，忠贞难存，是故众生着相，善恶相反。

《易》曰"观盥而不（观）荐"，亦有此义。

甲寅（前7年），三月，成帝崩，太子欣即位。

六月，诏刘秀（歆）典领五经，卒父前业。

2019年6月9日　上午记（汉纪）

是岁，黄河多溢决，朝廷求能浚川疏河者。贾让献治河三策，概其要为：防川如防民之口，遵古圣之法，定山川之位，毋与水争咫尺之地，使神人各处其所而不相奸。徙民决堤，放河入海，为上策；穿渠溉田，分杀水怒，为中策；缮完故堤，劳费无已，数逢其害，为下策。品读此三策，不得不惊叹古人对地理、水文的认知。是故读万卷书行万里路，有所观感，可见天地万物之情。

再者，从曾国藩与其子的书信往来清晰可见，古人系统性读书已成常态。反观自己，年过二十才知读书；年至三十，才知读圣贤书；十余年的大好时光，竟蹉跎了，更何谈行万里路。舍己灵龟，观人朵颐，何其悲哉！吾后人当以此为鉴。

乙卯（前6年），孝哀皇帝元年，秋九月，策免大司空师丹为庶人，复赐爵关内侯。

哀帝欲尊祖母傅氏、母丁氏，师丹劝诫。哀帝将以外戚（傅、丁）制外戚（王氏），必先正其名，而后言顺行立。师丹所谓圣王制礼，以尊卑之礼明，则人伦之序正，不亦迂乎？

2019年6月11日　上午记（汉纪）

丁巳（前4年），冬十一月，东平王刘云坐祠祭诅祝自尽。哀帝睹孝成世禄去王室，权柄外移，是故临朝屡诛大臣，欲强主威。然宗室衰微，却同室操戈，反助外戚之势，岂非抱薪救火。

戊午（前3年），秋八月，封董贤为高安侯，孙宠为方阳侯，息夫躬为宜陵侯。哀帝好弄臣，任人唯亲尤甚于成帝。

匈奴单于上书请朝，上欲辞之，扬雄上书劝谏，上乃从之。扬雄学识深厚，大隐于朝，吾辈后学之楷模。此处择其书中一二妙处："臣闻六经之治，贵于未乱，兵家之胜，贵于未战。二者皆微，然而大事之本，不可不察也。""匈奴本五帝所不能臣，三王所不能制，其不可使隙明甚。臣不敢远称，请引秦以来明之；以秦始皇之强，蒙恬之威，然不敢窥西河，乃筑长城以界之。""往时尝屠大宛之城，蹈乌桓之垒，探姑缯之壁，藉荡姐（羌）之场，艾朝鲜之旃，拔两越之旗，近不过旬月之役，远不离二时之劳，……云彻席卷，后无余灾。唯北狄为不然，真中国之坚敌也，三垂比之县矣，前世重之兹甚，未易可轻也。"

2019年6月13日　上午记（汉纪）

己未（前2年），下丞相王嘉狱，嘉曰："贤，孔光、何武不能进；恶，董贤父子不能退。罪当死，死无所恨。"遂不食，呕血而死。

冬十二月，以董贤为大司马、卫将军。是时贤年二十二，虽为三公，常给事中，领尚书，百官因贤奏事。董氏亲属皆侍中、诸曹、奉朝请，宠在丁、傅之右矣。

及贤为大司马，与孔光并为三公。上故令贤私过光，光知上欲尊宠贤，故恭谨迎送，不敢以宾客钧敌之礼。上闻之喜，立拜光两兄子为谏大夫、常侍。贤由是权与人主侔矣。暗主在上，明臣在下，不敢显其明智，明夷之义也。

后世多诟病孔光阿谀诤媚，尤见于其迎送董贤一事。孔氏自先祖孔子以来，四百余年祭祀不断。家族文化积淀深厚，上知商周，下历秦汉，孔氏人的天下既可以姓子（殷商）、姬（周），也可以姓嬴（秦）、刘（汉），未尝不可以姓王（莽）。

昔日楚庄王问鼎，王孙满对答，鼎者象物，德轻而鼎迁。今奸恶者显，忠贞者没，哀帝之过也。刘汉失德，有德者迁之，天之道也；殷纣失德，箕子明夷，孔氏之道也。阴长阳消，君子隐遁之世，孔光系于孔氏名望，不可尽退而远害，故有"系遁"之厉。然华夏文明不绝，明夷保身，则孔氏无忧。

庚申（前1年），六月，帝崩，无嗣。董贤以罪罢，即日自杀。

太皇太后（王政君）闻帝崩，即日驾之未央宫，收取玺绶。以王莽为大司马，领尚书事。太皇太后与莽议，迎中山王箕子为嗣。太皇太后为首的王氏，在短暂的蛰伏后，以雷霆之势夺回政权，傅氏、丁氏皆废黜。

九月，中山王即皇帝位，是为汉孝平皇帝，年九岁。太皇太后临朝，大司马莽秉政，百官总己以听。以孔光为帝太傅。

2019年6月17日　　**上午记（汉纪）**

　　壬午（2年），春，有祥瑞，太师光等咸称"莽功德比周公，宜告祠宗庙"。大司农孙宝独曰："周公上圣，召公大贤，尚犹有不相悦，著于经典，两不相损。今风雨未时，百姓不足，每有一事，群臣同声，得无非其美者？"宝遂坐免，终于家。

　　前有大司空彭宣乞骸骨归乡，后有大司农孙宝借小罪身退，班氏所谓：见险而止（知矣），异乎苟患失之者矣！此二人皆善经术，知时势，是时小人方用，君子好遁，不交恶。

　　癸亥（3年），王莽杀其子宇，灭中山孝王后（卫氏）家。莽因是狱，穷治党与，连引素所恶者悉诛之。杀元帝女弟敬武长公主、红阳侯王立、平阿侯王仁。诛杀卫氏党羽、郡国豪杰及汉忠直臣不附莽者，凡死者数百人，海内震焉。

　　乙丑（5年），冬十二月，王莽弑帝。太

- 141

皇太后征诏宣帝玄孙，选立之。王莽居摄践祚，如周公故事，摄行皇帝之事，曰"假皇帝"。右西汉十二帝，共二百一十四年。

王莽专持国柄前，恭、俭、礼、让，无一不合儒法规矩，不可不谓贤人，何以伪善至斯？庄子曰："圣人不死，大盗不止。"规范愈多，虚假滋生；法令愈密，巧诈滋彰。标榜之于伪善，如鱼水之相欢，所谓"仁义礼智"，岂非藏污纳垢的好去处。是故老子曰："绝圣弃智，民利百倍，绝仁弃义，民复孝慈。"又曰："见素抱朴"，"绝学无忧"。是谓为道而不为学，为道日损以至朴实，为学日益以至虚伪。

2019年6月21日 下午记（汉纪附王莽）

丙寅（6年），孺子婴元年，立宣帝玄孙婴为皇太子，号曰孺子，年仅二岁。

夏四月，安众侯刘崇曰："莽必危刘氏，天下非之，莫敢先举，此乃宗室之耻也。吾帅宗族为先，海内必和。"不克，死之。刘崇敢为天下先，勇气可嘉。然而，兵（征）者，凶也，不可不慎。革之为道，已日乃孚，顺天时也；革言三就，应人和也；顺天应人，众志成城，于是大人虎变，君子豹变，小人革面，足成彪炳之功。（详参《易经》革卦）

丁卯（7年），秋九月，东郡太守翟义起兵讨莽，立刘信为天子，三辅豪杰起兵应之。莽遣兵击之，义兵败，死之，信亡走。

戊辰（8年），春，三辅兵皆破灭，莽于是自谓威德日盛，大获天人之助，遂谋即真之事矣。

冬十二月，莽自称新皇帝。

己巳（9年），新莽始建国元年，春正月，莽废孺子为定安公。

夏四月，莽更名天下田曰"王田"，奴婢曰"私属"，皆不得买卖。莽曰："古者一夫田百亩，什一而税，则国给民富而颂声作。秦坏圣制，废井田，是以兼并起，贪鄙生，强者规田以千数，弱者曾无立锥之居。又置奴婢之市，与牛马同阑，制于民臣，颛断其命，缪于'天地之性人为贵'之义。"

周朝衰败，在于分封制的凋朽，土地是农耕社会的核心资源。西汉衰败既不是政体问题，也不是土地资源的分配问题。结合其后对匈奴发动战争来看，王莽不切实际、不应民情的改革，应该是出于政治目的：尽快去除刘氏汉政在朝野中的政治影响力。

庚午（10年），春二月，莽废汉诸侯王为民。

2019年6月24日 下午记（汉纪附王莽）

辛未（11年），匈奴各部分道入塞，杀守卫，略吏民，州郡兵起。莽恃府库之富，欲立威匈奴，下诏遣将分道并出击匈奴。是时诸将在边，以大众未集，未敢出击匈奴。严尤谏曰："臣闻匈奴为害，所从来久矣，未闻上世有必征之者也。后世三家周、秦、汉征之，然皆未有得上策者也。周得中策，汉得下策，秦无策焉。"周宣王时，视戎狄之侵，譬犹蚊虻，驱之而已，天下称明，是为中策。汉武帝时，选将练兵，深入远戍，兵连祸结三十年，中国罢耗，天下称武，是为下策。秦始皇时，不忍小耻而轻民力，筑长城之固，延袤万里，中国内竭，以丧社稷，是为无策。又曰："今天下比年饥馑，西北边尤甚，大用民力，功不可必立，臣伏忧之。"莽不听尤言，转兵谷如故，天下骚动。北边自宣帝以来，数世不见烟火之警，人民炽盛，牛马布野；及莽扰乱匈奴，与之构难，边民死亡系获，数年之间，北边虚空，野有暴骨矣。

壬申（12年），春，令民得卖田。莽性躁扰，每有所兴造，动欲慕古，不度时宜，朝令夕改；吏缘为奸，天下警警，陷刑者众。莽知民愁怨，乃令民食王田者，皆得卖之。然政令悖乱，刑罚深刻，赋敛重数，犹如故焉。

乙亥（15年），莽制礼乐。莽意以为制定则天下自平，故锐思于地理，制礼，作乐，讲合《六经》之说。公卿旦入暮出，论议连年不决，不暇省狱讼冤结，政务浮于形表。又好变改制度，政令烦多，当奉行者，辄质问乃以从事，前后相乘，昏愦不堪。莽常御灯火至明，犹不能胜。

丁丑（17年），临淮、琅邪及荆州绿林（今湖北当阳市东北）兵起。法令烦苛，民摇手触禁，不得耕桑，徭役烦剧，于是盗贼并起。新市（今湖北京山市东北）人王匡、王凤推为渠帅，众数百人。诸亡命者皆往从之，臧于绿林山中，数月间至七八千人，号"新市兵"。

戊寅（18年），莽孙功崇公宗自杀。

辛巳（21年），春正月，太子临自杀，临曰："上于子孙至严，前长孙、中孙年俱三十而死。今臣临复适三十，诚恐一旦不保中室，则不知死命所在！"王莽不颐养子孙，何况天下乎。莽本性偏执，其实无道，靠儒术矫饰，隐忍数十年，及窃登大宝，其施政如同宣泄。

2019年7月1日　下午记（汉纪附王莽）

　　壬午（22年），夏四月，樊崇兵自号"赤眉"，莽遣太师王匡、更始将军廉丹东讨击之。初，琅邪樊崇起兵于莒（今山东莒县），众百余人，转入太山。群盗以崇勇猛，皆附之，一岁间至万余人。

　　秋·七月，新市王匡等进攻随（今湖北随州市），荆州平林（今湖北随州市东北）人陈牧、廖湛复聚众千余人，号"平林兵"，以应之。

　　汉宗室刘演及弟秀起兵舂陵乡（治今湖北枣阳市南），兴复汉室，新市、平林兵皆附之。初，南顿（属汝南郡，治今河南项城市西）令刘钦，长沙定王刘发之后，生三男：演、仲、秀。演性刚毅，慷慨有大节，好交结天下雄俊。

　　太公曰："天道无殃，不可先倡；人道无灾，不可先谋；必见天殃，又见人灾，乃可以谋……"

冬十一月，刘演欲进攻宛（今河南南阳市），道遇莽军，大败。与江夏兵会盟于宜秋（今河南泌阳县东南）。十二月，潜师夜起袭取蓝乡（今河南泌阳县北），尽获其辎重。

癸未（23年），春二月，平林、新市诸将共立刘玄为皇帝，于淯水设坛登基，拜刘演为大司徒。玄，春陵戴侯曾孙，亦长沙定王发之后。新市、平林将帅贪玄懦弱，先共定策立之，然后召演示其议。淯水北起河南嵩县，流经南阳，南至湖北襄阳并入汉水。

上午记（汉纪附王莽）

是岁，春三月，刘秀等自南阳向北，徇昆阳（今河南叶县）、定陵（治今河南舞阳县）、郾（今河南漯河市郾城区），皆下之，势逼颍川。

夏五月，司徒王寻、司空王邑南出颍川，与严尤、陈茂合兵，围昆阳。

六月，刘秀大破莽兵于昆阳，诛王寻。王邑、严尤、陈茂乘轻骑逃去，尽获其军实辎重，关中闻之震恐。于是海内豪杰翕然响应，皆杀其牧守，自称将军，用汉年号以待诏命。刘秀大破莽兵于昆阳，历史记载颇多演义，曰："会大雷、风、屋瓦皆飞，雨下如注，滍川（颍水支流）盛溢，虎豹皆股战，士卒赴水溺死者以万数，水为不流。"

刘秀用兵无奇，何以胜莽兵百万之众？王莽无道，尽失人和，发无义之兵，将帅异志，相互掣肘。王寻、王邑皆莽之亲党；严尤乃汉臣，素有智略，见莽势将去，其心必二。刘秀以一志之兵战彼二心之师，故克。后钟武侯刘望起兵汝南，严尤、陈茂归附之。望即帝位，以尤为大司马，茂为丞相。

2019年7月8日　上午记（汉纪附王莽）

　　是岁，刘秀复徇颍川，冯异以五县降。

　　新市、平林诸将以刘縯兄弟威名益盛，阴劝更始除之。秀谓縯曰："事欲不善。"縯笑曰："常如是耳。"更始帝玄遂执縯，杀之。秀闻之，自父城驰诣宛谢，唯深引过，未尝自伐昆阳之功。又不为縯服丧，饮食言笑如平常。更始帝以刘秀为破虏大将军，封武信侯。

　　成纪隗嚣起兵应汉。嚣字季孟，天水成纪人也。少仕州郡，王莽国师刘歆引嚣为士。歆死，嚣归乡里。季父崔等起兵，以嚣素有名，好经书，遂共推为上将军。嚣等祀高祖、太宗、世宗，皆称臣执事，杀马同盟，以兴辅刘宗。徇陇西、武都，皆下之。

　　茂陵公孙述起兵成都，自称辅汉将军，兼益州牧。述字子阳，扶风茂陵人也。

　　秋九月，汉军入长安，众共诛莽，节解脔分，传莽首诣宛。

- 151

班氏曰："王莽始起外戚，折节力行以要名誉，及居位辅政，勤劳国家，直道而行，岂所谓'色取仁而行违'者邪！""及其窃位南面，颠覆之势险于桀、纣，而莽晏然自以黄、虞复出也，乃始恣睢，奋其威诈，毒流诸夏……""自书传所载乱臣贼子，考其祸败，未有如莽之甚者也！"

2019年7月19日　上午记（汉纪附王莽）

是岁，冬十月，更始帝刘玄都洛阳，以刘秀行大司马事，遣徇河北。

大司马秀至河北，考察官吏，黜陟能否，除王莽苛政，复汉官名。南阳邓禹杖策北渡，追秀于邺（今河北临漳县），曰："愿明公威德加于四海，禹得效其尺寸，垂功名于竹帛耳！"邓禹字仲华，南阳新野人也。当时局势不明，前途未卜，禹为择明主，千里投奔，足见其识不俗。范晔曰："夫变通之世，君臣相择，斯最作事谋始之几也。邓公嬴粮徒步，触纷乱而赴光武，可谓识所从会矣。"

禹为秀谋划，其大略为：今更始都关西，山东赤眉、青犊之属，动以万数，诸将皆庸人屈起，志在财币，争用威力，朝夕自快而已。更始既是常才而不自听断，分崩离析，形势可见。明公素有盛德大功，天下所向服，为今之计，莫如延揽英雄，务悦民心，立高祖之业。

冬十二月，邯郸卜者王郎诈称成帝子子舆，称帝于邯郸。时天下群雄并起，或称汉臣，或立刘姓，足见刘氏气数未尽，天下皆思汉政。范晔曰："传称'盛德必百世祀'"，"夫能得众心，则百世不忘矣。观更始之际，刘氏之遗恩余烈，英雄岂能抗之哉！然则知高祖、孝文之宽仁，结于人心深矣。周人之思邵公，爱其甘棠，又况其子孙哉！刘氏之再受命，盖以此乎！"

甲申（24年），二月，更始帝玄迁都长安。

大司马秀以为长史。耿弇曰："今兵从南方来，不可南行。渔阳（今北京市密云区西南）太守彭宠，公之邑人；上谷（今河北怀来县东南）太守，即弇父也。发此两郡控弦万骑，邯郸（王郎）不足虑也。"秀指弇曰："是我北道主人也。"（源于郑之秦东道主人）

耿弇字伯昭，扶风茂陵人也。其先武帝时以吏二千石自巨鹿徙茂陵。父况，以明经为郎，与王莽从弟伋共学《老子》于安丘先生，后为上谷太守。弇少好学，习父业，好将帅之事。范晔曰："淮阴延论项王，审料成势，则知高祖之庙胜矣。耿弇决策河北，定计南阳，亦见光武之业成矣。"

2019年7月26日　上午记（汉纪附王莽）

是岁，蓟城（在今北京市）反，应王郎。大司马秀仓皇出城，至南宫（今河北南宫市），遇大风雨，秀引车入道旁空舍，王霸侍从，冯异抱薪，邓禹爇火，秀对灶燎衣。

信都（治今河北衡水市冀州区）太守任光、和戎（今河北巨鹿县西北）太守邳肜迎秀。肜曰："吏民歌吟思汉久矣，故更始举尊号而天下响应，三辅清宫除道以迎之。今卜者王郎，假名因势，驱集乌合之众，遂振燕、赵之地，无有根本之固。明公奋二郡之兵以讨之，何患不克！"发兵击邯郸。遂拜光、肜为大将军，将兵以从，众稍合，至数万人，移檄边郡，共击邯郸，郡县还复响应。

大司马秀拔广阿（治今河北隆尧县东）。耿弇以上谷、渔阳兵行定郡县，会大司马秀于广阿，秀以寇恂、吴汉等为将军。

寇恂字子翼，上谷昌平人也，世为著姓。

恂初为上谷郡功曹，太守耿况甚重之。范晔曰："夫喜而不比，怒而思难者，其惟君子乎！子曰：'伯夷、叔齐，不念旧恶，怨是用希。'于寇公而见之矣。"

吴汉字子颜，南阳宛人也。亡命至渔阳，贩马自业，往来燕、蓟间，交结豪杰。后拜为安乐令，太守彭宠见重之。范晔曰："子曰：'刚毅木讷近仁'，斯岂汉之方乎！"

夏四月，进拔邯郸，斩王郎，河北略平。河北，天下要冲，昔汉武帝曰："生子当置之齐鲁礼义之乡；乃置之燕赵，果有争心。"

更始帝玄立大司马秀为萧王，令罢兵。弇曰："王郎虽破，天下兵革乃始耳。铜马、赤眉之属数十辈，辈数十百万人，所向无前，圣公（刘玄）不能辨也，败必不久。百姓患苦王莽，复思刘氏，闻汉兵起，莫不欢喜，如去虎口，得归慈母。今更始为天子，而诸将擅命于山东，贵戚纵横于都内，元元叩心，更思莽朝，是以知其必败也。公功名已著，以义征伐，天下可传檄而定也。天下至重，公可自取，毋令他姓得之。"萧王乃辞以河北未平，不就征，始贰于更始。

秋，萧王击铜马诸军，推心置腹悉收其众。南徇河内（治今河南武陟县西南），降之。

是时，萧王秀据河内，南依黄河，北拥邯郸。自引兵北徇燕、赵，拜邓禹为前将军，中分麾下精兵二万人，遣西入关。寇恂守河内者，行萧何事。冯异统兵于河上（孟津），以拒洛阳。

梁王刘永据国（梁国都睢阳，治今河南商丘市南）起兵，招诸郡豪杰，专据东方。

2019年7月28日　**下午记（东汉纪）**

乙酉（25年），光武皇帝元年，夏四月，公孙述称帝，都成都，据蜀地。蜀地沃野千里，土壤膏腴。北据汉中，杜褒、斜之险；东守巴郡，拒扞关之口；地方数千里，战士不下百万。见利则出兵而略地，无利则坚守而力农。

六月，刘秀即皇帝位于鄗（治今河北柏乡县北）南，是为世祖光武皇帝，改元建武。拜邓禹为大司徒，王梁为大司空，吴汉为大司马，伏湛为尚书令。秀一心成高祖大业，故缓称王而明其志。自觉大功未成，心怀敬畏，不敢为天下先。然而耿纯言曰："天下士大夫，捐亲戚，弃土壤，从大王于矢石之间者，其计固望攀龙鳞、附凤翼，以成其志。今大王留时逆众，不正号位，纯恐士大夫望绝计穷，则有去归之思，无为久自苦也。"值此乱局下，关中刘玄、汉中刘嘉、睢阳刘永，同时赤眉拥立刘盆子，若不正名号，天下士人将不知去就。

九月，赤眉入长安，更始帝单骑走，将相皆降。光武帝秀封更始为淮阳王，诏："吏民敢有贼害（更始帝刘玄）者，罪同大逆"。

朱鲔以洛阳降，冬十月，光武帝秀都之。

时赤眉暴掠三辅，邓禹经略关西，广施仁德，吏民归心。诸将豪杰皆劝禹径攻长安，禹曰："今吾众虽多，能战者少，前无可仰之积，后无转馈之资。赤眉新拔长安，财谷充实，锋锐未可当也。夫盗贼群居无终日之计，财谷虽多，变故万端，宁能坚守者也！上郡（今陕西北部及内蒙古乌审旗等地）、北地（治今宁夏吴忠市西南）、安定（治今宁夏固原市）三郡，土广人稀，饶谷多畜，吾且休兵北道，就粮养士，以观其敝，乃可图也。"

隗嚣据天水。嚣招聚其众，兴修故业，自称西州上将军。三辅士大夫避乱者多归嚣，嚣倾身引接，为布衣交，名震西州，闻于山东。班彪为宾客。马援闻隗嚣好士，往从之。

窦融据河西。融累世仕宦河西，知其土俗，更始以为张掖属国都尉。融抚结雄杰，怀辑羌虏，州郡英俊，融皆与厚善。及更始败，乃推融行河西五郡（武威、张掖、酒泉、敦煌、金城）大将军事。融居属国，领都尉职如故，置从事，监察五郡。

下午记（东汉纪）

　　丙戌（26年），春正月，帝悉封诸功臣为列侯。帝使郎中冯勤典诸侯封事，勤差量功次轻重，国土远近，地势丰薄，不相逾越，莫不厌服焉。阴乡侯阴识，阴贵人（阴丽华）之兄也，以军功当增邑更封，识叩头让曰："天下初定，将帅有功者众，臣托属掖廷，仍加爵邑，不可以示天下。"

　　阴贵人，南阳新野人。初光武帝叹曰："仕宦当作执金吾，娶妻当得阴丽华。"阴氏素有母仪之美誉，宜立为后，而其固辞弗当。其兄阴识，谦逊识大体，辞让加封，足见阴氏家风之淳厚，亦可知其家族荣贵必久矣。

　　长安城中粮尽，赤眉引兵而西，众号百万，自南山转掠城邑，遂入安定、北地。邓禹引兵南至长安，谒祠高庙，收十一帝神主，送诣洛阳。

　　大司空王梁罢，以宋弘为大司空。宋弘

字仲子，京兆长安人也。范晔曰："中兴以后，居台相总权衡多矣，其能以任职取名者，岂非先远业后小数哉？""夫器博者无近用，道长者其功远，盖志士仁人所为根心者也。""宋弘止繁声，戒淫色，其有《关雎》之风乎。"

　　渔阳太守彭宠反。此时天下大势已见端倪，彭宠识浅，不过因时扰攘，苟恣纵耳。

2019年8月5日　上午记（东汉纪）

是岁，夏四月，将军盖延击刘永，围永于睢阳。盖延围睢阳数月，克之。青、徐群盗张步等闻刘永破败，皆惶怖请降。

冬十一月，邓禹战数不利，诏征禹还京师，曰："慎毋与穷寇争锋！赤眉无谷，自当来东。吾以饱待饥，以逸待劳，折箠笞之，非诸将忧也。"遣将军冯异入关代之，戒之曰："三辅遭王莽、更始之乱，重以赤眉、延岑之酷，元元涂炭，无所依诉。征伐非必略地屠城，要在平定安集之耳。""卿本能御吏士，念自修敕，无为郡县所苦！"

司马光曰："昔周人颂武王之德曰：'敷时绎思，我徂维求定。'言王者之兵，志在布陈威德安民而已。观光武之所以取关中，用是道也。岂不美哉！"

余以为光武较之高祖，光武有为且智力凌驾群下，高祖无为而智力不胜群下。有为则有所不为，无为则无不为；智多反生偏邪，智少复归中正，是故老子所谓"弃智"也哉。

丁亥（27年），正月，冯异、邓禹与赤眉战，败绩。异弃马步走回溪阪（今河南洛宁县北），禹以二十四骑脱归宜阳（今河南宜阳县西）。

数日后，冯异与赤眉约期会战，大破于之崤底（今河南渑池、洛宁两县间）。光武帝嘉之曰："始虽垂翅回溪，终能奋翼渑池，可谓失之东隅，收之桑榆。"帝亲勒大军于宜阳，刘盆子率赤眉降，遂得传国玺绶。

时关中众寇犹盛，各称将军，延岑据蓝田。夏四月，冯异击延岑，破之，岑自武关走南阳。异乃诛击豪杰不从令者，关中悉平。

冬十月，光武帝幸春陵，祠园庙。耿弇从容言于帝，自请北收上谷兵，定彭宠于渔阳，取张丰于涿郡，还收富平、获索（起义者号），东攻张步，以平齐地。

十一月，帝遣中大夫来歙使隗嚣。嚣既有功于汉，又受邓禹爵署，其腹心议者多劝通使京师，嚣乃奉奏诣阙。帝报以殊礼，言称字，用敌国之仪，所以慰藉之甚厚。中国大势已定，刘秀始谋陇蜀，陇蜀唇齿相依，故而投石陇右以问路。

2019年8月6日　上午记（东汉纪）

戊子（28年），冬十月，隗嚣举棋不定，遣马援往观二帝。自蜀归，谓嚣曰："子阳（公孙述），井底蛙耳，而妄自尊大，不如专意东方。"

嚣乃使援奉书洛阳。援谓秀曰："当今之世，非但君择臣，臣亦择君耳！"似言嚣，尤谓己。嚣虽贪恋裂土为王，而援已心有所属，陇右走向悄然已定。范晔曰："马援腾声三辅，遨游二帝，及定节立谋，以干时主，将怀负鼎之愿，盖为千载之遇焉。"

己丑（29年），春正月，马援归陇右。援谓嚣曰："上才明勇略，非人敌也。且开心见诚，无所隐伏，阔达多大节，略与高帝同。"嚣曰："卿谓何如高帝？"援曰："不如也。高帝无可无不可；今上好吏事，动如节度，又不喜饮酒。"嚣意不怿，曰："如卿言，反复胜邪！"嚣蒙于小节，蔽于小利，故不知深浅，难辨高下。

夏四月，窦融归顺，诏以融为凉州牧。赐融玺书曰："今益州有公孙子阳，天水有隗将军。方蜀、汉相攻，权在将军，举足左右，便有轻重。以此言之，欲相厚岂有量哉！"

窦融乃汉孝文窦皇后之后裔，蒙恩为外戚，累世二千石。诚如刘秀所言，时天下未并，窦融独据河西，与汉域实属风马牛不相及也。在此情势下，窦融决策归顺刘秀，足见其审时度势之能，较之隗嚣高下立判。后来，从汉攻蜀，赴京上交河西权柄，且谦让不受大任，实乃进退有度，可为后世法。范晔曰："尝独详味此子之风度，虽经国之术无足多谈，而进退之礼良可言矣。"

冬十月，耿弇破张步等诸寇，齐地悉平。光武帝谓弇曰："昔韩信破历下以开基，今将军攻祝阿以发迹，此皆齐之西界，功足相方。而韩信袭击已降，将军独拔勍敌，其功又难于信也。"又曰："将军前在南阳，建此大策，常以为落落难合，有志者事竟成也！"以嘉其功尽验前言。

是岁，诏征处士周党、严光、王良，皆不应。总有此等隐士轻世肆志，固守自道，不合于俗，犹如幽暗中的一盏明灯。

2019年8月11日　上午记（东汉纪）

庚寅（30年），春正月，吴汉等拔朐（治今江苏连云港市西南），江、淮、山东（崤山以东）悉平。

夏四月，遣耿弇、盖延等七将军从陇道伐蜀。

五月，隗嚣发兵反，使王元据陇坻（陇山）。先是，马援闻隗嚣欲贰于汉，数以书责譬之；及嚣反，援乃为光武具言谋划。君子夬夬，独行遇雨若濡，有愠，无咎。

冬十二月，隗嚣遣使称臣于公孙述。

如此看来，隗嚣此前对于光武帝的示好不过是虚与委蛇而已。班彪曾作《王命论》以劝谏隗嚣，其略论有三，一曰：刘氏承尧之祚，鬼神所福飨，天下所归往；二曰：俗见高祖兴于布衣，不达其故，不知神器有命，不可以智力求也；三曰：英雄诚知觉悟，审神器之有授，毋贪不可冀，则福祚流于子孙，天禄其永终矣。《王命论》与"王孙满论鼎"遥相呼应，于鼎祚延转之事备矣。彪料嚣败局已定，遂避地河西，窦融以为从事甚礼重之。彪遂为融画策，使之专意事汉焉。

是故老子曰："天下神器不可为也。为者败之，执者失之。"我等治学之士，观天地万物之情而明德，返照自性而知命，与时偕行而从势。

2019年8月13日　上午记（东汉纪）

辛卯（31年），春三月晦，日食。太中大夫郑兴借天象劝谏曰："日君象而月臣象，君亢急而臣下促迫，故月行疾。今陛下高明而群臣惶促，宜留思柔克之政，垂意《洪范》之法。"无独有偶，庚寅（30年）九月晦，日食，执金吾朱浮上疏曰："盖以为天地之功不可仓卒，艰难之业当累日也。而间者守宰数见换易，迎新相代，疲劳道路。寻其视事日浅，未足昭见其职，既加严切，人不自保，迫于举劾，惧于刺讥，故争饰诈伪以希虚誉，斯所以致日月失行之应也。夫物暴长者必夭折，功卒成者必亟坏。如摧长久之业而造速成之功，非陛下之福也。"

观光武行政之严切，可见其智力凌人，有失中道，亦应马援之言："高帝无可无不可；今上好吏事，动如节度，又不喜饮酒。"斯以无为（刘邦）胜有为（刘秀）也。

壬辰（32年），春，遣中郎将来歙伐隗嚣，取略阳（治今甘肃秦安县东南）。

夏闰四月，光武帝自将征隗嚣，窦融率五郡兵以从。上以四县封窦融为安丰侯，弟友为显亲侯，及五郡太守皆封列侯，遣西还所镇。融以久专方面，惧不自安，数上书求代。诏报曰："吾与将军如左右手耳，数执谦退，何不晓人意！勉循士民，无擅离部曲！"

癸巳（33年），春，隗嚣死，立其子纯。

甲午（34年），冬十月，来歙等攻破洛门（今甘肃武山县洛门镇），隗纯降，陇右悉平。

说隗嚣。鼎卦，九四，鼎折足，覆公悚，其形渥，凶。子曰："德薄而位尊，智小而谋大，力小而任重，鲜不及矣。"

说窦融。鼎卦，上九，鼎玉铉，大吉，无不利。孔颖达以为：玉者，刚坚而有润者也；鼎道之成，体刚处柔，是用玉铉以自举，而靡所不举。

2019年8月15日　下午记（东汉纪）

　　乙未（35年），光武既得陇，遂望蜀。春三月，遣吴汉等将兵与岑彭会于荆门，伐蜀，入江关（荆门与虎牙二山之间）。

　　夏六月，来歙与盖延等自陇道攻蜀，公孙述于荆、陇腹背受敌。述使刺客刺歙，歙临终书表曰："臣夜人定后，为何人所贼伤，中臣要害。臣不敢自惜，诚恨奉职不称，以为朝廷羞。夫理国以得贤为本，太中大夫段襄，骨鲠可任，愿陛下裁察。又臣兄弟不肖，终恐被罪，陛下哀怜，数赐教督。"投笔抽刃而绝。帝闻，大惊，省书揽涕。诏以将军马成代之。

　　秋七月，光武帝自将征蜀，次长安。

　　岑彭及将军臧宫攻蜀。彭自江州（今重庆市）溯都江而上，拔武阳，击广都（治今四川成都市南），去成都数十里，势若风雨，蜀地震骇。宫从涪水上平曲（今四川绵竹市），大破延岑。

冬十月，公孙述使刺客刺杀岑彭，彭死，吴汉代之。

丙申（36年），春正月，吴汉拔广都。

秋九月，吴汉入成都，臧宫拔绵竹，引兵与汉会。

冬十一月，吴汉击杀公孙述，尽灭公孙氏，并族延岑，蜀地悉平。

参狼羌寇武都，陇西太守马援击破之，降者万余人，于是陇右清静。援务开恩信，宽以待下，任吏以职，但总大体，而宾客故人日满其门。诸曹时白外事，援辄曰："此丞、掾之任，何足相烦！颇哀老子，使得遨游；若大姓侵小民，黠吏不从令，此乃太守事耳。"

窦融与五郡太守入朝，拜融冀州牧，赏赐恩宠，倾动京师。

丁酉（37年），夏四月，吴汉自蜀振旅而还京师。于是大飨将士、功臣，增邑更封。帝久兵厌武，知天下疲耗，故偃武修文。帝以史为鉴，欲完备功臣功德，不令亏于吏事，故功臣皆不用，使诸将皆以列侯就第。邓禹、贾复内行淳备，修整闺门，教养子孙，可以为后世建国功臣之典范。

2019年8月25日　下午记（东汉纪）

己亥（39年），春正月，免大司徒韩歆，歆及子婴皆自杀。歆好直言，无隐讳，帝每不能容。韩歆之于光武，如杨恽之于宣帝，死非其罪，众心不厌。司马光曰："夫切直之言，非人臣之利，乃国家之福也。""惜乎，以光武之世而韩歆用直谏死，岂不为仁明之累哉！"

辛丑（41年），冬十月，废皇后郭氏，立贵人阴氏为皇后。

癸卯（43年），郭后既废，太子强（郭氏子）意不自安。郅恽说太子曰："久处疑位，上违孝道，下近危殆，不如辞位以奉养母氏。"太子从之，愿备藩国。遂以强为东海恭王，立阳（阴氏子）为皇太子，改名庄。郭氏废黜，刘强既已失位，然其崇执谦退，可谓"正位凝命"，故得善终。范晔曰："谦谦恭王，实惟三让。"

丙午（46年），西域复请都护，不许，遂附于匈奴，详参班氏评语（《汉书·西域传》）。自汉以来，西域与中国日亲，其原因有二：一是西域诸国林立，争斗不止；二是匈奴强盛，西域不堪其扰。

戊申（48年），春，匈奴八部大人共议立日逐王比为呼韩邪单于，款五原塞（今内蒙古五原县），愿永为藩蔽，捍御北虏，帝从之。于是分为南、北匈奴。

冬十月，匈奴南单于遣使诣阙奉藩称臣。上以匈奴事问臧宫，宫曰："匈奴饥疫分争，臣愿得五千骑以立功。"帝笑曰："常胜之家，难与虑敌，吾方自思之。"

2019年8月30日　上午记（东汉纪）

己酉（49年），夏，伏波将军马援卒于军，诏收援新息侯印绶。马援字文渊，扶风茂陵人也。其先赵奢为赵将，号曰马服君，子孙因以为氏。援文治武功显著，却辱没于小人谗言，令人惋惜。范晔曰："其戒人之祸，智矣，而不能自免于谗隙。岂功名之际，理固然乎？夫利不在身，以之谋事则智；虑不私己，以之断义必厉。诚能回观物之智而为反身之察，若施之于人则能恕，自鉴其情亦明矣。"

辛亥（51年），北匈奴遣使诣武威求和亲，不许。朗陵侯臧宫、杨虚侯马武因复请伐匈，诏报曰："《黄石公记》曰，'柔能制刚，弱能制强'。柔者德也，刚者贼也，弱者仁之助也，强者怨之归也。故曰有德之君，以所乐乐人；无德之君，以所乐乐身。乐人者其乐长，乐身者不久而亡。舍近谋远者，劳而无功；舍远谋近者，逸而有终。逸政多忠臣，劳政多乱人。故曰务广地者荒，务广德者强。……今国无善政，灾变不息，百姓惊惶，人不自保，而复欲远事边外乎？孔子曰："吾恐季孙之忧，不在颛臾。'"自是诸将莫敢复言兵事者。

壬子（52年），北匈奴更乞和亲。帝下三府（太尉、司徒、司空）议酬答之宜，司徒（窦融）掾班彪曰："臣闻孝宣皇帝敕边守尉曰：'匈奴大国，多变诈，交接得其情，则却敌折冲；应对入其数，则反为轻欺。'……臣见其献益重，知其国益虚；归亲愈数，为惧愈多。然今既未获助南，则亦不宜绝北，羁縻之义，礼无不答。谓可颇加赏赐，略与所献相当，报答之辞，令必有适。"帝悉纳从之。

丁巳（57年），春二月，帝崩，享年六十三，太子庄即位，是为显宗孝明皇帝。皇太子庄见帝勤劳不怠，曾谏曰："陛下有禹、汤之明，而失黄、老养性之福，愿颐爱精神，优游自宁。"帝曰："我自乐此，不为疲也。"光武以征伐济大业，及天下既定，乃退功臣而进文吏，明慎政体，总揽权纲，量时度力，举无过事，故能恢复前烈，身致太平。

　　庚申（60年），春二月，立贵人马氏为皇后，皇子烜为太子。明德马皇后，伏波将军马援之小女也，十三岁选入太子宫。皇太后阴氏曰："马贵人德冠后宫，即其人也。"遂立为皇后。马皇后才德兼备，颇有乃父遗风。马援虽被梁松、窦固构陷，然其德足以荫庇子孙。

　　明帝思中兴功臣，乃图画二十八将于南宫云台，以邓禹为首，又益以窦融等，合三十二人。马援以椒房之亲，独不与焉。

　　辛酉（61年），冬十月，陵乡侯梁松下狱，死。佛家论因果轮回，报应不爽，如是而已。

　　乙丑（65年），冬，楚王英奉黄缣、白纨诣国相曰："托在籓辅，过恶累积，欢喜大恩，奉送缣帛，以赎愆罪。"国相以闻。诏报曰："楚王诵黄、老之微言，尚浮屠之仁祠，洁斋三月，与神为誓，何嫌何疑，当有悔吝！

其还赎，以助伊蒲塞、桑门（梵语）之盛馔。"

初，明帝闻西域有神，其名曰佛，因遣使之天竺求其道，得其书及沙门以来。于是中国始传其术，图其形像，而王公贵人，独楚王英最先好之。

丙寅（66年），明帝崇尚儒学，自皇太子、诸王侯及大臣子弟、功臣子孙，莫不受经。置《五经》师，搜选高能以授其业。匈奴亦遣子入学。

戊辰（68年），春正月，东平王苍与诸王俱来朝，月余，还国。明帝凄然怀思，乃遣使手诏曰："辞别之后，独坐不乐，因就车归，伏轼而吟，瞻望永怀，实劳我心。诵及《采菽》，以增叹息。日者，问东平王：'处家何等最乐？'王言：'为善最乐。'其言甚大，副是腰腹（《后汉书》：'苍腰带十围'）矣。今送列侯印十九枚，诸王子年五岁已上能趋拜者，皆令带之。"

庚午（70年），楚王英有罪，废徙丹阳泾县（今安徽泾县），自杀。西汉淮南王长，东汉楚王英，尚黄老、浮屠之学，皆坐谋逆，佛家曰："所言一切法者，即非一切法，是故名一切法。"色相未脱，名存实亡，此之谓也。

2019年12月16日　下午记（东汉纪）

　　癸酉（73年），窦固使假司马班超使西域。超杀伐果决，威震西域，曰："不入虎穴，焉得虎子。"何其勇哉！于是西域诸国皆遣子入侍，西域与汉绝六十五载，至是乃复通焉。

　　窦固字孟孙，窦融弟友之子，好览书传，喜兵法，自幼从融明习边事。班超字仲升，班彪之少子，超之神勇固然可赞，然班氏家风、家学传承更是可叹。

　　班彪字叔皮，扶风安陵人，性沉重好古。祖况，成帝时为越骑校尉；父稚，哀帝时为广平太守。范晔曰："班彪以通儒上才，倾侧危乱之间，行不逾方，言不失正，仕不急进，贞不违人，敷文华以纬国典，守贱薄而无闷容。""何其守道恬淡之笃也。"

　　君子有为，在于厚积，不在薄发。何谓厚积？班氏况、稚、彪，岂止三代之积也；何谓薄发？班固、班超文著武功，一代迸发。故君子处其厚而不居其薄，处其实而不居其华，去彼而取此。又曰天地之功不可仓卒，艰难之业当累日也，暴长者必夭折，卒成者必亟坏，古今一也。

乙亥（75年），秋八月，帝崩，太子炟即位，是为肃宗孝章皇帝。

2019年12月18日　下午记（东汉纪）

　　丙子（76年），肃宗孝章皇帝元年，尚书陈宠以帝新即位，宜改前世苛俗，乃上疏曰："夫为政犹张琴瑟，大弦急者小弦绝。陛下宜隆先王之道，荡涤烦苛之法，以济群生，全广至德。"第五伦亦上疏曰："光武乘王莽之余，颇以严猛为政，后代因之，遂成风俗。郡国所举，类多办职俗吏，殊未有宽博之选，以应上求者也。""务进仁贤以任时政，不过数人，则风俗自化矣。"章帝厌苛法，每事务于宽厚。

　　昔郑子产论政宽猛曰："唯有德者能以宽服民，其次莫如猛。夫火烈，民望而畏之，故鲜死焉。水懦弱，民狎而玩之，则多死焉，故宽难。"子曰："政宽则民慢，慢则纠之以猛。猛则民残，残则施之以宽。宽以济猛，猛以济宽，政是以和。"一言以蔽之曰："中庸"。

丁丑（77年），夏，章帝欲封爵诸舅，太后马氏固辞，诏曰："凡言事者，皆欲媚朕以要福耳。""今有司奈何欲以马氏比阴氏乎！""吾岂可上负先帝之旨，下亏先人之德，重袭西京败亡之祸哉！"

戊寅（78年），春三月，立贵人窦氏为皇后（窦融孙勋之女）。

六月，皇太后马氏崩。

癸未（83年），马防、马廖有罪，免官就国。马氏既衰，窦氏益贵盛。皇后兄宪为侍中、虎贲中郎将，弟笃为黄门侍郎，并侍宫省，赏赐累积。

甲申（84年），孔僖奏曰："至如孝武皇帝，政之美恶，显在汉史，坦如日月，是为直说书传实事，非虚谤也。夫帝者，为善为恶，天下莫不知，斯皆有以致之，故不可以诛于人也。""陛下不推原大数，深自为计，徒肆私忌以快其意，臣等受戮，死即死耳；顾天下之人，必回视易虑，以此事窥陛下心，自今以后，苟见不可之事，终莫复言者矣。齐桓公亲扬其先君之恶以唱管仲，然后群臣得尽其心，今陛下乃欲为十世之武帝远讳实事，岂不与桓公异哉！"遂拜僖兰台令史。

乙酉（85年），三月，章帝祠孔子于阙里（今山东曲阜城内），及七十二弟子。孔僖曰："今陛下亲屈万乘，辱临敝里，此乃崇礼先师，增辉圣德，非臣家之私荣也。"帝大笑曰："非圣者子孙焉有斯言乎！"拜僖郎中。

丙戌（86年），诏侍中曹褒定汉礼。章帝曰："谚言：'作舍道边，三年不成。'会礼之家，名为聚讼，互生疑异，笔不得下。昔尧作《大章》，一夔足矣。"待其撰毕奏之，帝以众论难一，故但纳之，不复令有司平奏。

戊子（88年），春正月，帝崩。太子肇即位，是为孝和皇帝。是时帝十岁，太后窦氏临朝，窦宪以侍中内干机密，兄弟皆在亲要之地。

2020年2月12日　下午记（东汉纪）

　　己丑（89年），夏六月，窦宪击北匈奴，大破之。出塞三千余里，登燕然山（今蒙古国杭爱山），命班固刻石勒功而还。谏言以为："匈奴不犯边塞，而无故劳师远涉，损费国用，徼功万里，非社稷之计。"昔周穆王将征犬戎，祭公谋父谏曰："不可。先王耀德不观兵。"

　　九月，以窦宪为大将军，太后诏宪位次太傅下、三公上（旧大将军位在三公下）。窦氏兄弟骄纵。

　　壬辰（92年），夏六月，大将军窦宪坐谋逆，伏诛。窦氏既败，班固因为窦党羽，死狱中。固尝著《汉书》，尚未就，诏固女弟曹寿妻昭踵而成之。班昭，字惠班，博学高才。帝数召入宫，令皇后诸贵人师事焉，号曰"大家"。

　　壬寅（102年），废皇后阴氏，立邓氏为

皇后。太傅邓禹尝谓人曰："吾将百万之众，未尝妄杀一人，后世必有兴者。"其子训，有女曰绥（邓后），性孝友，好书传，家人号曰"诸生"。

班超久在绝域，年老思土，上书乞归不遂，超妹曹大家上书（详见《后汉书》），帝感其言，乃征超还。昭上书为兄乞还，文章蔚然，足见才学。

乙巳（105年），冬十二月，帝崩，太子隆即位（未足岁），是为孝殇皇帝，太后邓氏临朝。

2020年3月4日　　上午记（东汉纪）

丙午（106年），孝殇皇帝元年，秋八月，帝崩。迎清河王子祜（章帝孙）即位，是为孝安皇帝，太后邓氏犹临朝。

丁未（107年），孝安皇帝元年，秋九月，以灾异、寇贼策免太尉徐防、司空尹勤。三公以灾异免自此始。

仲长统曰："光武皇帝愠数世之失权，忿强臣之窃命，矫枉过直，政不任下，虽置三公，事归台阁。自此以来，三公之职，备员而已；然政有不治，犹加谴责。而权移外戚之家，宠被近习，亲其党类，用其私人。""此皆戚宦之臣所致然也，反以策让三公，至于死、免，乃足为叫呼苍天，号咷泣血者矣！""光武夺三公之重，至今而加甚；不假后党以权，数世而不行；盖亲疏之势异也！"余以为权臣、外戚、宦官，各有其利害，政体在反复试错、自纠的历史进程中演进。

己酉（109年），春三月，京师大饥，民相食。夏四月，令吏民入钱谷，得拜官赐爵有差。冬十二月，并州（治今山西太原市）、凉州（治今甘肃张家川回族自治县）大饥，人相食。

庚戌（110年），春正月，大将军邓骘（皇后邓氏兄）欲弃凉州，并力北边。公卿皆以为然。虞诩独曰："若大将军之策，不可者三：先帝开拓土宇，勤劳后定，而今惮小费，举而弃之，此不可一也。凉州既弃，即以三辅为塞，则园陵单外，此不可二也。谚曰：'关西出将，关东出相。'烈士武臣，多出凉州，士风壮猛，便习兵事。……凉州士民所以推锋执锐，蒙矢石于行陈，父死于前，子战于后，无反顾之心者，为臣属于汉故也。……如此，则函谷以西，园陵旧京非复汉有，此不可三也。"

邓骘由是恶诩，欲以吏法中伤之。会朝歌（今河南淇县朝歌街道）贼甚，州郡不能禁，乃以诩为朝歌长。诩笑曰："不遇盘根错节，无以别利器，此乃吾立功之秋也。"及至，宽猛并施，县境盗贼皆平，咸称神明。

乙卯（115年），冬，羌寇武都，邓太后以诩有将帅之略，迁武都太守。诩引兵急行，又以增灶计示之以强，曰："虏众多，吾兵少，徐行则易为所及，速进则彼所不测。虏见吾灶日增，必谓郡兵来迎，众多行速，必惮追我。孙膑见弱，吾今示强，势有不同故也。"既到郡，兵不满三千，而羌众万余。诩用兵虚实变换，以少胜多，大破之。乃占相地势，招还流亡，假赈贫人，郡遂以安。

虞诩字升卿，陈国武平（今河南鹿邑县西北）人。诩好刺举，无所回容，数以此忤权戚，遂九见谴考，三遭刑罚，而刚正之性，终老不屈。临终，谓其子曰："吾事君直道，行己无愧，所悔者为朝歌长时杀贼数百人，其中何能不有冤者。自此二十余年，家门不增一口，斯获罪于天也。"虞诩文韬武略，可谓智矣；行直道不阿权，可谓正矣。其功过沉浮，天性使然，不足有悔。及有悔，唯德有损以致天罚者，人罚昭昭而有疏，天罚恢恢而无漏。

2020年3月25日　上午记（东汉纪）

　　己未（119年），冬十二月，豫章有芝草生，太守刘祗欲上之，以问郡人唐檀，檀曰："方今外戚豪盛，君道微弱，斯岂嘉瑞乎！"祗乃止。

　　辛酉（121年），春三月，皇后邓氏崩。邓太后自临朝以来，尽心焉耳，天下复平。然安帝年长，久不还政。及邓太后崩，邓骘遣就国，宗族皆免官，邓氏遂衰。

　　安帝以耿贵人（嫡母）兄宝监羽林左军车骑；封宋杨（祖母宋贵人之父）四子皆为列侯；阎皇后兄弟显、景、耀并为卿、校，典禁兵；以宦者江京、李闰为列侯。

　　乙丑（125年），春二月，帝崩。尊阎皇后为皇太后，太后临朝。太后欲久专国政，贪立幼年，与显等定策禁中，废黜太子保，迎济北惠王子北乡侯懿为嗣。

　　冬十月，北乡侯懿薨，中黄门（宦者）孙

程等十九人迎废太子保即位（是为孝顺皇帝），诛阎显，迁太后于离宫。封程等十九人为列侯。

2020年3月31日　**上午记（东汉纪）**

　　丙寅（126年），秋，顺帝免孙程等官，悉徙封远县，遣十九侯就国。

　　丁卯（127年），秋七月，聘处士樊英。南阳樊英，少有学行，名著海内，隐于壶山（今河南泌阳县东北）之阳，上数征不应，顺帝勉为其难，强起而用之，拜五官中郎将。

　　时又征广汉（今四川广汉市）杨厚、江夏（今湖北黄冈市北）黄琼，二人皆有能任。琼将至，李固以书逆遗之曰："自生民以来，善政少而乱俗多，必待尧、舜之君，此为士行其志终无时矣。尝闻语曰：'峣峣者易缺，皦皦者易污。'盛名之下，其实难副。……是故俗论皆言'处士纯盗虚声'。愿先生弘此远谟，令众人叹服，一雪此言耳！"

　　李固字子坚，司徒郃之子也。少好学，常步行寻师，不远千里。遂究览坟籍，结交英贤，四方有志之士，多慕其风而来学。

司马光曰："古之君子，邦有道则仕，邦无道则隐。隐非君子之所欲也。人莫己知而道不得行，群邪共处而害将及身，故深藏以避之。"荀子曰："耀蝉者，务在明其火，振其木而已；火不明，虽振其木，无益也。今人主有能明其德，则天下归之，若蝉之归明火也。"

2020年4月4日　下午记（东汉纪）

　　壬申（前132年），春正月，立贵人梁氏为皇后。贵人梁氏常特被引御，从容辞曰："夫阳以博施为德，阴以不专为义。《螽斯》则百福所由兴也。愿陛下思云雨之均泽，小妾得免于罪。"帝由是贤之。夏四月，以梁商（梁皇后之父）为执金吾。

　　癸酉（133年），春，封乳母宋娥为山阳君，又封执金吾梁商子冀为襄邑侯。

　　李固谏顺帝毋任人唯亲，一番宏论，精彩至极，值得品味，详见《后汉书》。帝纳其言，即时出乳母还舍，诸常侍悉叩头谢罪，朝廷肃然。

　　甲戌（134年），夏五月，春夏连旱，顺帝亲自露坐德阳殿请雨。周举因谏曰："宜慎官人，去贪污，远佞邪。"张衡亦上疏禁《图谶》曰："譬犹画工恶图犬马而好作鬼魅，诚以实事难形而虚伪不穷也！"时开东汉名士之风，出士（仕）与处士皆有良才，可圈可点矣。

戊寅（138年），秋九月，诏举武猛任将帅者，左雄、周举因以互相弹劾，左雄之于周举，好比赵宣子之于韩厥，成就一段佳话。

辛巳（141年），大将军梁商卒，以梁冀为大将军。

甲申（144年），秋八月，帝崩，太子炳即位，是为孝冲皇帝。范晔曰："孝顺初立，时髦允集。匪砥匪革，终沦嬖习。"

乙酉（145年），孝冲皇帝元年，春正月，帝崩。李固谓大将军冀曰："立帝宜择长年有德，任亲政事者，愿将军审详大计，察周、霍之立文、宣，戒邓、阎之利幼弱！"冀不从，与梁太后定策禁中，迎渤海孝王子缵即位，年仅八岁，是为孝质皇帝。

丙戌（146年），夏六月，大将军梁冀进毒弑帝。质帝少而聪慧，尝因朝会，目梁冀曰："此跋扈将军也！"冀深恶之。

宦者曹腾（曹操养父嵩之父）与梁冀谋立蠡吾侯志，是为孝桓皇帝。

丁亥（147年），冬十一月，下李固、杜乔狱，死节。

己丑（149年），颍川荀淑死。荀淑字季和，荀卿十一世孙。少有高行，博学而不好章句，多为俗儒所非，而州里称其知人。初，荀氏旧里名西豪，颍阴（治今河南许昌市）令渤海苑康以为昔高阳氏有才子八人，今荀氏亦有八子，故改其里曰高阳里。荀氏一门，意承先考，为斯盛也。

颍川钟皓及荀淑并为士大夫所归慕。李膺常叹曰："荀君清识难尚，钟君至德可师。"同郡李膺、陈寔亦有贤名。

辛卯（151年），冬十一月，诏百官举独行之士。涿郡（治今河北涿州市）崔寔作《政论》，其曰："近孝宣皇帝明于君人之道，审于为政之理，故严刑峻法，破奸轨之胆，海内清肃，天下密如，优于孝文；及元帝多行宽政，卒以堕损，威权始夺，遂为汉室基祸之主。"

己亥（159年），秋八月，大将军梁冀伏诛。诏赏诛梁冀之功，封宦者单超等五人为列侯，世谓之五侯。

又封中常侍侯览等为列侯，自是权势专归宦官矣。五侯尤贪纵，倾动内外。

甲辰（164年），春二月，名士黄琼薨。将葬，四方远近名士吊唁者六七千人。东汉名士之风可见一斑，范晔曰："汉自中世以下，阉竖擅恣，故俗遂以遁身矫洁放言为高。士有不谈此者，则芸夫牧竖已叫呼之矣。故时政弥惛，而其风愈往。"

2020年4月14日　上午记（东汉纪）

乙巳（165年），秋七月，以太史大夫陈蕃为太尉。

冬十一月，复拜李膺司隶校尉。诸黄门、常侍皆鞠躬屏气，休沐不敢出宫省。帝怪问其故，并叩头泣曰："畏李校尉"。时朝廷日乱，纲纪颓弛，而膺独特风裁，以声名自高，士有被其容接者，名为登龙门云。

丙午（166年），秋七月，南阳太守成瑨、太原太守刘瓆擅杀宦者，引发党祸。抓捕司隶校尉李膺、太仆杜密，部党两百多人下狱，遂策免太尉陈蕃。

是时太学诸生三万余人，郭泰及贾彪为其冠，与李膺、陈蕃、王畅更相褒重。学中语曰："天下模楷，李元礼；不畏强御，陈仲举；天下俊秀，王叔茂。"于是中外承风，竞以臧否相尚，自公卿以下，莫不畏其贬议，屣履到门。

时党人狱所染逮者，皆天下名贤，皇甫规自以西州豪杰，耻不得与，竟自言党人，请坐之。东汉士风蔚然，亦令皇权震撼，士族由此而兴。

丁未（167年），夏六月，赦党人归田里，禁锢终身。名为赦免，实为不得不免。天下士族，自此皇权仰仗之且忌惮之。

冬十二月，帝崩，窦太后临朝。窦太后与父窦武迎解渎亭侯刘宏即位，是为孝灵皇帝，时年十二。

2020年4月26日　　下午记（东汉纪）

戊申（168年），孝灵皇帝元年，春正月，以窦武为大将军，陈蕃为太傅，与司徒胡广参录尚书事。

秋九月，太傅陈蕃、大将军窦武奏诛宦者曹节等，反被曹节等杀之，遂迁窦太后于南宫。

己酉（169年），冬十月，复治党人，杀前司隶校尉李膺等百余人。初，李膺等虽废锢，天下士大夫皆高尚其道。及陈蕃、窦武用事，复举拔膺等；陈、窦既诛，膺等复废。

郭泰以《诗经》讽之：人之云亡，邦国殄瘁。（汉室灭矣）瞻乌爰止，于谁之屋。

多有人将东汉败落归罪于桓、灵二帝，然而余观东汉之衰亡与西汉无二，西汉成、哀故事犹在眼前，桓、灵岂能不知前车之鉴，故曰："一啄一饮，或莫天定；兴衰更迭，智力难违；元亨利贞，周而复始；天道无私，不佑刘汉。"东汉即亡，刘氏气数已尽，从此天下恐再不思刘政！

2020年4月28日　下午记（东汉纪）

　　壬子（172年），春三月，太傅胡广卒。京师谚曰："万事不理，问伯始（胡广字伯始）；天下中庸，有胡公。"是赞其达练事体、明解朝章，讥其逊言恭色、取媚于时。天行有常，不为尧存，不为桀亡，西汉孔光、东汉胡广有此味哉。

　　冬十一月，会稽许生称帝，吴郡（治今江苏苏州市）司马孙坚击斩之。

　　庚申（180年），作罼圭、灵昆苑。司徒杨赐劝谏曰："先帝之制，左开鸿池，右作上林，不奢不约，以合礼中。"王道已失，灵帝诸多奢靡荒诞之行不足为道，反倒是弘农杨氏的家学传承大有可观，实乃乱世中的彪炳。上起西汉杨敞、杨恽（详见《汉书》），下至东汉杨震、杨赐（详见《后汉书》），后嗣不绝，源远流长，"积善之家必有余庆"，信矣。

2020年5月21日　　**上午记（东汉纪）**

甲子（184年），春二月，巨鹿张角起，号"黄巾"。初，巨鹿张角奉事黄、老，教授"太平道"。角分遣弟子周行四方，十余年间，徒众数十万，自青、徐、幽、冀、荆、扬、兖、豫八州之人，莫不毕应。

三月，北地太守皇甫嵩（皇甫规之兄子）以为宜解党禁。中常侍吕强曰："党锢久积，人情怨愤，若不赦宥，轻与张角合谋，为变滋大。"灵帝惧而从之。遂遣中郎将卢植讨张角，皇甫嵩、朱儁讨颍川黄巾。

夏五月，皇甫嵩、朱儁与都尉曹操合军，平三郡（长社、汝南、陈国）黄巾。曹操，沛国谯县人，父嵩，为中常侍曹腾养子，不能审其生出本末，或云夏侯氏子也。

卢植连战破张角，围角于广宗（治今河北威县东）。灵帝听信小黄门左丰谗言，槛车征植，遣陇西董卓代之。

秋八月，董卓无功，遣黄甫嵩讨张角，角已病死。冬十月，皇甫嵩与张角弟梁、宝战，皆破斩之。即拜嵩为左车骑将军领冀州牧。

2020年5月24日　上午记（东汉纪）

　　己巳（189年），夏四月，帝崩，皇子辩即位。尊皇后（何氏）为皇太后，太后临朝，封皇弟协为陈留王。以后将军袁隗为太傅，与大将军何进（何太后兄）参录尚书事。

　　秋七月，袁绍劝大将军何进悉诛诸宦官，进乃白太后，太后不从。绍复说进多召四方猛将及诸豪杰，使并引兵向京城，以胁太后，进然之。遂召董卓兵诣京师，太后诏罢诸宦官。陈琳曰："而反委释利器，更征外助，大兵聚会，强者为雄，所谓倒持干戈，授人以柄，功必不成，只为乱阶耳！"曹操曰："宦者之官，古今宜有，但世主不当假之权宠，使至于此。既治其罪，当诛元恶，一狱吏足矣，何至纷纷召外兵乎！"

　　八月，宦官张让等入宫杀何进，劫持太后、帝出至河上。袁绍捕杀宦官，董卓迎帝还宫，以董卓为司空。

九月，袁绍出奔冀州。董卓废帝为弘农王，立陈留王协为帝，是为孝献皇帝。弑太后何氏。卓自为太尉，领前将军事。

董卓赦诸党人，悉复其爵位，擢用其子孙。拜袁绍为渤海太守，又以袁术（绍从弟）为后将军，曹操为骁骑校尉。术出奔南阳，操奔陈留。

2020年5月27日　上午记（东汉纪）

庚午（190年），孝献皇帝元年，春正月，关东州郡皆起兵以讨董卓，推袁绍为盟主。豪杰多归心袁绍者，鲍信独谓曹操曰："君夫略不世出，殆天之所启乎！"

三月，董卓迁都长安，烧洛阳宫庙，发诸帝陵。献帝车驾入长安，时董卓在洛阳，朝政大小皆委之王允。

长沙太守孙坚举兵讨卓，将军袁术据南阳，刘表坚领预州刺史。

诏以刘表为荆州刺史。

曹操与卓兵战于荥阳，不克，还屯河内。

夏四月，以幽州（治蓟县，今北京市西南隅）牧刘虞为太傅，道路壅塞，命不得通。

冬，董卓以公孙度为辽东太守。度语所亲吏曰："汉祚将绝，当与诸卿图王耳。"于是自立为辽东侯。

2020年5月29日　　上午记（东汉纪）

辛未（191年），春正月，关东诸将欲奉幽州牧刘虞为帝，袁绍等遣张岐等赍议上虞尊号，虞不受，欲奔匈奴以自绝，绍等乃止。

二月，孙坚进兵击董卓，卓败走，引兵还长安。坚进至洛阳，乃扫除宗庙，祠以太牢，得传国玺。坚修塞诸陵，引军还鲁阳（治今河南鲁山县）。

冬十月，是时关东州、郡务相兼并以自强大，袁绍、袁术亦自相离二。绍乘坚击卓未返之机，以周昂袭夺坚阳城（属颍川郡）。袁术遣公孙越助坚攻昂，越为流矢所中死。公孙瓒怒曰："余弟死，祸起于绍"，遂进兵攻绍。冀州诸城多叛绍从瓒。瓒乃自署其将帅为冀州、青州、兖州刺史，悉改置郡、县守、令。

初，涿郡刘备，中山靖王（刘胜，景帝第八子）之后也。尝与公孙瓒同师事卢植，由是往依瓒，以备为平原（治今山东平原县）相。

备少与河东关羽、涿郡张飞相友善，恩若兄弟。常山赵云为本郡所举，将诣公孙瓒，刘备见而奇之，深加接纳，云遂从备至平原，为备主骑兵。

袁术使孙坚击刘表，表军射杀之。

公孙度威行海外，中国人士避乱者多归之，北海管宁、邴原、王烈皆往依焉。宁每见度，语唯经典，不及世事；专讲《诗经》《尚书》，习俎豆，非学者无见也。由是度安其贤，民化其德。邴原性刚直，清议以格物，度已下心不安之。宁谓原曰："潜龙以不见成德。言非其时，皆招祸之道也。"

2020年6月2日　下午记（东汉纪）

　　壬申（192年），春正月，董卓遣北地李催、张掖郭汜、武威张济将兵，击破朱儁于中牟（今河南鹤壁市西），因掠陈留、颍川诸县，所过杀虏无遗。初，荀淑有孙曰彧，有王佐之才，彧谓父老曰："颍川四战之地，宜亟避之。"彧闻曹操有雄略，乃去绍从操。操大悦，曰："吾子房也！"

　　夏四月，王允使吕布诛董卓。

　　青州黄巾寇兖州，杀刺史刘岱。陈宫谓操曰："州今无主，而王命断绝，宫请说州中纲纪，明府寻往牧之，资之以收天下，此霸王之业也。"操乃入据之，自为刺史。

　　李催、郭汜犯阙，杀司徒王允，吕布走。

　　甲戌（194年），春二月，徐州牧陶谦告急，刘备救之，遂从谦。

　　十二月，陶谦卒，欲以刘备为徐州牧，备未敢当，北海相孔融谓备曰："袁公路岂忧国忘家者邪！冢中枯骨，何足介意！今日之事，百姓与能；天与不取，悔不可追。"备遂领徐州。

袁术以孙坚余兵千余人还孙策，表拜怀义校尉。初，坚娶钱唐吴氏，生四男策、权、翊、匡及一女。舒（今安徽庐江县境内）人周瑜与策同年，亦英达夙成，与策交好，有无通共。及坚死，策年十七，乃渡江，居江都（今江苏扬州市西南），结纳豪俊，有复仇之志。

乙亥（195年），曹操欲取徐州，荀彧曰："昔高祖保关中，光武据河内，皆深根固本以制天下，进足以胜敌，退足以坚守，故虽有困败而终济大业。将军本以兖州首事，且河、济（兖州西北距河，东南据济）天下之要地也，是亦将军之关中、河内也，不可以不先定。"操乃止，而致力于安定兖州。

2020年6月10日　上午记（东汉纪）

　　乙亥（195年），袁术政德不立，孙策欲归取江东。冬，策拔曲阿（治今江苏丹阳市），威震江东。

　　丙子（196年），袁术攻刘备以争徐州，备使司马张飞守下邳（治今江苏睢宁县北），自将拒术于盱眙（今江苏盱眙县）。吕布袭取下邳，备降于布。布以备为豫州刺史，自为徐州牧，并兵击术。

　　秋七月，献帝还洛阳。

　　曹操在许（今河南许昌市），谋迎天子。荀彧曰："昔晋文公纳周襄王而诸侯景从，汉高祖为义帝缟素而天下归心。""奉主上以从人望，大顺也；秉至公以服天下，大略也；扶弘义以致英俊，大德也。四方虽有逆节，其何能为！"操乃迎天子，后迁帝于许。以操为大将军，封武平侯，始立宗庙社稷于许。自是政归曹氏，天子守位而已。

董昭曰："夫行非常之事，乃有非常之功"。曹操与袁氏之争，高下已分。

孙策取会稽。策好游猎，虞翻谏曰："白龙鱼服，困于豫且"。

冬，荀彧为曹操荐荀攸、郭嘉，操以攸为军师，嘉为司空祭酒。

曹操以枣祗为屯田都尉，以任峻为典农中郎将。募民屯田许下，州郡例置田官，所在积谷，仓廪皆满。故操征伐四方，无运粮之劳，遂能兼并群雄。

吕布复攻刘备，刘备穷困，归曹操，操厚遇之，以为豫州牧。或曰有养虎之患，郭嘉曰："今备有英雄名，以穷归己而害之，是以害贤为名也。""公谁与定天下乎！夫除一人之患以沮四海之望，安危之机也，不可不察。"操以为然，遂益其兵，给粮食，使东至沛（今江苏沛县东）。

2020年6月19日　上午记（东汉纪）

　　丁丑（197年），春正月，荀彧、郭嘉论袁绍十败、曹操十胜，足可见时势。操恐绍侵扰关中，荀彧荐钟繇，属以西事，关中无忧。

　　戊寅（198年），秋九月，吕布复攻刘备，破沛城，备走。冬，曹操自将兵击布，杀之。陈寿曰："吕布有虓虎之勇，而无英奇之略，轻狡反覆，唯利是视。自古及今，未有若此不夷灭也。"吕布、袁绍、袁术之流，皆短视之辈，德薄智浅，不值一提，只为衔接左右简而述之。

　　曹操以刘备为左将军，以孙策为讨逆将军，封吴侯。周瑜、鲁肃知袁术终无所成，皆弃官渡江从孙策。

　　上午记（东汉纪）

乙卯（199年），夏四月，袁术衰亡。

冬十一月，荆州刘表于曹操、袁绍间，不知去就，遂遣韩嵩诣许，投石问路。刘表之于曹操，如隗嚣之于光武，韩嵩则有马援之识。

刘备起兵徐州，讨曹操。遣使与袁绍连和。（初，车骑将军董承称受帝衣带中密诏，与刘备谋诛曹操。）刘备空有抱负，不能与时势偕行，急需一位高士为其谋划大略。

庚辰（200年），春正月，曹操杀董承，击刘备，破之，获其妻子；进拔下邳，擒关羽。备奔冀州，归袁绍。

曹操还官渡（今河南中牟县东北），袁绍欲攻许。二月，绍进军黎阳（今河南浚县东南）。夏四月，绍遣兵攻白马（今河南滑县东北），操击破之，斩其将颜良、文丑。关羽既斩颜良，复归刘备。

孙策死于游猎，其弟权代领其众。策临终

谓张昭等曰："中国方乱，以吴、越之众，三江之固，足以观成败，公等善相吾弟！"一语道尽东吴立国之本。

秋九月，袁绍攻曹操于官渡。冬十月，操袭破其辎重，绍军大溃。官渡一战，奠定北方局势。

曹操闻孙策死，欲因丧伐之。张纮谏曰："乘人之丧，既非古义，若其不克，成仇弃好，不如因而厚之。"操遂表权为讨虏将军，领会稽太守。

鲁肃为孙权因时定策："汉室不可复兴，曹操不可卒除，为将军计，惟有保守江东以观天下之衅耳。若因北方多务，剿除黄祖（江夏太守），进伐刘表，竟长江所极，据而有之，此王业也。"

2020年7月16日　上午记（东汉纪）

辛巳（201年），曹操自击刘备于汝南（治今河南平舆县北），备奔荆州刘表。表闻备至，自出郊迎，以上宾礼待之，益其兵，使屯新野（治今河南新野县）。

壬午（202年），春正月，曹操复进军官渡。夏五月，袁绍卒，幼子尚袭行州事，长子谭出屯黎阳。袁氏已败，其后虽互有攻伐，无足轻重矣。

曹操责孙权任子，权拒不受命。

丁亥（207年），冬十月，刘备见诸葛亮于隆中（山名，在今湖北襄阳市西南）。诸葛亮字孔明，琅邪阳都（今山东沂南县南）人，汉司隶校尉诸葛丰后也。亮早孤，随从父玄依附荆州牧刘表。亮躬耕陇亩于隆中，自比于管仲、乐毅。

亮为备作隆中对（详见《三国志》），概其要者，一曰：曹操已拥百万之众，挟天子而令诸侯，此诚不可与争锋；二曰：孙权据有江东，已历三世，国险而民附，贤能为之用，此可以为援而不可图也；三曰：先取荆州，后望巴蜀，西和诸戎，南抚夷越，外结好孙权，内修政理，则霸业可成。备曰："孤之有孔明，犹鱼之有水也。"

2020年7月25日　上午记（东汉纪）

戊子（208年），春正月，孙权西击江夏太守黄祖，以图荆州。（参见鲁肃定策）

夏六月，罢三公官，曹操自为丞相。以崔琰为丞相西曹掾，毛玠为丞相东曹掾，司马朗为主簿，弟懿为文学掾。

司马懿，字仲达，河内温县孝敬里人，姓司马氏。其先出自帝高阳之子重黎，为夏官祝融（《周礼》：分设天、地、春、夏、秋、冬六官）。及周，以夏官（主兵）为司马。周宣王时，锡以官族，因而为氏。楚汉间，司马卬为赵将，与诸侯伐秦。秦亡，立为殷王，都河内。京兆尹司马防（卬十一世）生八子，懿即防之第二子也。

秋七月，曹操击刘表。刘表卒。初，刘表二子琦、琮。琦不自宁，访诸葛亮求自安之术，亮曰："君不见申生在内而危，重耳居外而安乎？"琦意感悟，会黄祖死，琦求代其任，乃为江夏太守。表卒，琮为嗣，会曹操军至，琦奔江南。九月，操至新野，琮举州降。

刘备奔江陵（今湖北荆州江陵故城），操急追之。会刘琦众万余人，与俱到夏口（夏口城，在今湖北武汉市黄鹄山）。

刘备颠沛流离，数次穷困，如丧家之犬，几无立锥之地。然曹操、袁绍、刘表、孙权皆厚待之，关羽、张飞、赵云固忠心不二，诸葛亮亦至死不渝，何以？

余以为刘备机略不及曹操，基宇不及孙权，唯以仁义而取天下。陈寿曰："刘备之弘毅宽厚，知人待士，盖有高祖之风，英雄之器焉。"刘备以浅薄之资于乱世草创，终与曹操、孙权三分天下，岂非仁义之功用哉？

2020年7月27日　下午记（东汉纪）

是岁，冬十月，曹操自江陵将顺江东下，孙权遣周瑜、鲁肃等与刘备迎击于赤壁（山名，今湖北武汉市赤矶山）。

刘备遣诸葛亮诣孙权，与之盟。周瑜为孙权画策曰："今北土未平、马超、韩遂尚在关西，为操后患；而操舍鞍马，杖舟楫，与吴、越争衡；今又盛寒，马无藁草，驱中国士众远涉江、湖之间，不习水土，必生疾病。此数者用兵之患也，而操皆冒行之，将军擒操，宜在今日。瑜请得精兵数万人，进住夏口，保为将军破之！"

孙权遂遣周瑜、程普与刘备并力逆操。大败曹军于赤壁，操乃引军北还。

十二月，刘备徇荆州江南诸郡，武陵、长沙、桂阳、零陵皆降。

己丑（209年），冬十二月，孙权表刘备领荆州牧，权以妹妻备。

周瑜乃赤壁之战成败之关键，曹操密遣蒋干往说周瑜。干还白操，称瑜雅量高致，非言辞所能间也。周瑜字公瑾，从祖父景，景子忠，皆为汉太尉。父异，洛阳令。瑜长壮有姿貌，固善于兵事，且精意于音乐，时人谣曰："曲有误，周郎顾。"

2021年3月3日　下午记（东汉纪）

　　庚寅（210年），冬，周瑜为孙权定策曰："今曹新折衄，方忧在腹心，未能与将军连兵相事也。乞与奋威（孙瑜，孙坚弟子）俱进，取蜀而并张鲁，因留奋威固守其地，与马超结援，瑜还与将军据襄阳以蹙操，北方可图也。"权许之，周瑜还江陵为行装，于道病卒。

　　权以鲁肃代瑜领兵，肃劝权以荆州借刘备，与共拒曹操，权从之。

　　初，权谓劝学于吕蒙，蒙乃始就学。鲁肃曰："卿今者才略，非复吴下阿蒙！"蒙曰："士别三日，即更刮目相待，大兄何见事之晚乎！"孙权虽失周瑜，复得吕蒙，可见江东士族之基厚。

　　刘备以从事庞统守耒阳（今湖南耒阳市）令，在县不治，免官。鲁肃遗备书曰："庞士元非百里才也。"备乃大器之，用统为治中，亲待亚于诸葛亮，与亮并为军师中郎将。

辛卯（211年），春三月，遣钟繇讨汉中张鲁。将借道关中，关中诸将自危，马超、韩遂等十部皆反，屯据潼关。秋，曹操自将击破之，超、遂奔凉州（治陇县，今甘肃张家川回族自治县）。

冬，操欲攻鲁，汉中益州唇齿相依，刘璋遂迎刘备以拒操。

壬辰（212年），秋七月，孙权徙治建业（秣陵，今江苏南京市南），作石头城。

吕蒙说孙权夹濡须水口立坞。

冬十月，曹操东击孙权，至濡须，僵持月余，见权军伍整肃，叹曰："生子当如孙仲谋；如刘景升儿子，豚犬耳！"乃撤军还。

其间，曹操逼死荀彧，原因耐人寻味。余观荀彧之达观，断不会拘泥于俗儒之忠义。

彧乃高士，知欲立长久之业，将必以德取天下；操乃功利之辈，投机取势，权谋诈术为用，奚以长久之德为何用？再者，操出身卑贱，北方士族素轻慢之；而操性忌刻，时北方大定，故日渐难容。

观荀彧，感临，未顺命也。臣用刚往，君所不从，君臣志不同也。

观曹操，知临，大君之宜。执中正，纳刚以礼，不忌刚长而能任之，是为君临之道。（参见《宋本周易注疏》临卦注疏）

2021年3月7日　下午记（东汉纪）

癸巳（213年），夏五月，封曹操为魏公，加九锡。

甲午（214年），春三月，诏魏公操位在诸侯王上。

夏五月，刘璋降备，备入成都，自领益州牧，以诸葛亮为军师将军。庞统卒，马超归。法正降蜀有功，因以正外统都畿，内为谋主。

法正字孝直，扶风郿人也。建安初，天下饥荒，入蜀依刘璋。陈寿曰："法正著见成败，有奇画策算"。

乙未（215年），初，孙权欲取蜀，刘备托词曰："备与刘璋托为宗室，冀凭英灵以匡汉朝。"且曰："汝欲取蜀，吾当被发入山，不失信于天下也。"拒不让周瑜军假道而过。及备自取益州，孙权大怒曰："猾虏，乃敢挟诈如此！"此间情态令人不禁莞尔。权遂令诸葛瑾以备求荆州诸郡。

会闻魏公操将攻汉中，备遣使求和于权。遂分荆州，以湘水为界，备使关羽守江陵，权使鲁肃屯陆口（今湖北嘉鱼县西南），针锋相对。

荆、蜀乃刘备立国之基（详见诸葛亮《隆中对》），断不可退让。然而福祸相依，因果相随，三国鼎立之势成，孙刘联盟裂痕亦生，三国走势若有所趋矣。

上午记（东汉纪）

是岁，秋七月，魏公操取汉中，走张鲁，留夏侯渊，率张郃、徐晃等人守之。

八月，孙权伺机攻合肥，张辽、李典奇袭之，权大败而还，乃自责曰："大惭，谨已刻心，非但书绅也。"

冬十一月，张鲁降。魏公操拜鲁镇南将军，封阆中侯。封鲁五子及阎圃皆为列侯。功曹阎圃劝谏鲁勿王（详见《三国志》），可比班彪之于窦融。故而张鲁降操，可谓顺天应命，取窦融之宜，辟隗嚣之祸。

丙申（216年），夏五月，魏公操进爵为王。杀尚书崔琰，琰之死盖类荀彧。

秋八月，魏以钟繇为相国。

丁酉（217年），春正月，曹操击孙权军。三月，权降。孙权、刘备既生嫌隙，独木难支，遂权宜而为之。

夏四月，魏王操设天子旌旗，出入称

警跸。

冬十月，魏以世子丕为太子。《春秋》之义，立嫡以长不以贤。老子曰："不尚贤，使民不争；不贵难得之货，使民不为盗；不见可欲，使民心不乱。"君不见袁本初、刘景升父子乎？如此，曹植等亦得以保全。

法正献计曰："曹操一举而降张鲁，定汉中，不因此势以图巴、蜀，而留夏侯渊、张郃屯守，身遽北还，此非其智不逮而力不足也，必将内有忧逼故耳。……举众往讨，必可克之。"备善其策，乃率诸将进兵汉中。法正所料不差，先有金祎、耿纪、韦晃等挟天子以伐魏，后有代郡（治今山西阳高县西北）、上谷乌桓、无臣氐等反。曹操分身乏术。

鲁肃卒，孙权以吕蒙代之。

己亥（219年），春正月，刘备击夏侯渊，破斩之。

三月，魏王操自长安出斜谷（今陕西眉县西南），赵云击败之。夏五月，操引兵还长安，刘备遂有汉中。是时，蜀汉方境土完备，进可攻退可守，刘备可以稳居成都矣。

秋七月，刘备自立为汉中王，治成都。

2021年3月10日　上午记（东汉纪）

是岁，八月，关羽取襄阳，围樊城（今湖北襄阳市樊城区），危及许都。司马懿、蒋济献计于曹操，以为：刘备、孙权，外亲内疏；关羽与权素有隙，因而间之，使权蹑其后，则樊围自解。操从之。

冬十月，孙权使吕蒙袭取江陵。魏王操率师救樊城。关羽腹背受敌，败走。十二月，权获羽，斩之，遂定荆州。吕蒙未及受封，疾发卒。孙权称藩于魏王操，操表孙权为骠骑将军，领荆州牧，封南昌侯。

初，鲁肃尝劝孙权以曹操尚存，宜且抚辑关羽，与之同仇，是患操而不患羽，谋虑于全局也；及吕蒙代肃屯陆口，以为羽素骁雄，且居国上流，欲去之而后快，是独以羽为患，仅谋一域耳。及羽死，孙权、刘备彻底决裂，再难与曹操抗衡，自此吴、蜀仅负隅顽抗而已。

庚子（220年），春正月，魏王曹操还至

洛阳，卒，谥号曰武。太子丕立。曹操文韬武略皆在孙权、刘备之上，然而性忌刻，用法峻急，有犯必戮。孙权、刘备难舍区区荆州之得失，因一域而失全局，才堪方伯而已。

二月，魏王丕以贾诩为太尉，华歆为相国，王朗为御史大夫。

魏王丕遣王弟彰、植等皆就国。

魏立九品官人之法，州郡皆置中正，择州郡之贤有识鉴者为之，区别人物，第其高下。

冬十月，魏王丕即皇帝位，是为魏文帝，废汉孝献皇帝为山阳公。追尊武王操曰武皇帝，庙号太祖。右东汉十二帝，共一百九十六年。

2021年3月22日　上午记（魏纪）

辛丑（221年），夏四月，汉中王刘备即皇帝位，是为昭烈皇帝，号曰后汉。以诸葛亮为丞相，立子禅为太子。

或曰："曹丕篡汉，正位于蜀。"司马光论正闰（详见《资治通鉴》），曰："窃以为苟不能使九州合为一统，皆有天子之名，而无其实者也。""然天下离析之际，不可无岁、时、月、日以识事之先后，故不得不取魏、宋、齐、梁、陈、后梁、后唐、后晋、后汉、后周年号，以纪诸国之事，非尊此而卑彼，有正闰之辨也。"余亦以为然也。正闰之辨，亦名实之辨，斯苟取其虚名以纪事实，旨在观古今之变，度天人之际，奚以名实而自扰乎?

孙权徙治武昌（今湖北鄂州市），以防不虞。

秋七月，汉主刘备将伐孙权。张飞当率兵万人会江州（今重庆市）。临发，为其帐下所杀，以其首奔孙权。陈寿曰："关羽、张飞皆称万人之敌，……并有国士之风。然羽刚而自矜，飞暴而无恩，以短取败，理数之常也。"

孙权求和于汉，不许；遂遣陆逊督诸军拒守。

八月，孙权遣使降魏，魏封权为吴王。魏刘晔曰："权无故求降，必内有急。权前袭杀关羽，刘备必大兴师伐之。""天下三分，中国十有其八。吴、蜀各保一州，阻山依水，有急相救，此小国之利也。今还自相攻，天亡之也。宜大兴师，径渡江袭之。蜀攻其外，我袭其内，吴之亡不出旬月矣。"魏文帝不从。

2021年3月23日　上午记（魏纪）

　　壬寅（222年），春二月，汉主备进军猇亭（今湖北宜昌市东南）。

　　夏六月，吴陆逊进攻猇亭，大败汉军，汉主备还永安（即白帝城，今重庆奉节县东）。

　　癸卯（223年），夏四月，汉主备殂于白帝城，诸葛亮受诏辅政，太子禅即位。备临终嘱亮曰："若嗣子可辅，辅之；如其不才，君可自取。"亮涕泣曰："臣敢不竭股肱之力，效忠贞之节，继之以死！"封丞相亮为武乡侯，领益州牧，政事无巨细，咸决于亮。

　　六月，西南诸夷叛，诸葛亮以新遭大丧，皆抚而不讨，务农殖谷，闭关息民。

　　秋八月，汉遣邓芝使吴，重修吴蜀之好。诸葛亮之为政，可比管仲、萧何。

　　乙巳（225年），春三月，诸葛亮南征，参军马谡曰："南中恃其险远，不服久矣；虽今日破之，明日复反耳。夫用兵之道，攻心为上，攻城为下，心战为上，兵战为下，愿公服其心而已。"

秋七月，诸葛亮斩雍闿以立威；七擒七纵而收孟获；南中四郡（四川西部，云南东北部，贵州西北部）皆平，自是终亮之世，夷不复反。

丙午（226年），夏五月，魏文帝曹丕崩，太子曹叡即位，是为魏明帝。

2021年3月28日　上午记（魏纪）

丁未（227年），春三月，诸葛亮率诸军出屯汉中，以图关中，作《前出师表》。

戊申（228年），春正月，诸葛亮伐魏，战于街亭（今甘肃庄浪县东南），败绩。其间，斩马谡，归姜维。

夏五月，吴王诱魏扬州牧曹休，战于石亭（今安徽潜山市东北），大败之。

冬十二月，诸葛亮闻曹休败，魏兵东下，关中虚弱，欲出兵击魏，作《后出师表》。亮引兵出散关，围陈仓，不克而还。

乙酉（229年），春，诸葛亮伐魏，拔武都、阴平。

蜀地固险，然四通八达，自秦以来未有绝域自治的先例。蜀汉唯有谋取关中，效法秦、汉，方能度势而进退。时蜀中武将凋零，后继无人，诸葛亮以萧何、邓禹之才行韩信、吴汉之事，数出岐山，勉力而行，终劳死军中。

再读《隆中对》《出师表》，观其不可为而为之，其才情，其忠义，令人涕泣。

夏四月，吴王孙权即皇帝位，立子登为太子。

秋九月，吴主复迁都建业，使大将军陆逊辅太子登留守武昌。吴、蜀重修于好，吴战略重心复归于魏。

2021年4月4日　上午记（魏纪）

230年至234年，蜀诸葛亮与魏司马懿互有攻伐，情节颇有演义。

甲寅（234年），秋八月，诸葛亮卒于军中。汉主禅以吴懿为车骑将军，督汉中；以蒋琬为尚书令，总统国事。

自此，天下大势已定，魏明帝遂有天子之实。

乙卯（235年），春正月，以大将军司马懿为太尉。

夏四月，魏明帝好土功，既作许昌宫，又治洛阳宫。陈群谏曰："昔禹承唐、虞之盛，犹卑宫室而恶衣服。况今丧乱之后，人民至少，比汉文、景之时，不过一大郡。加以边境有事，将士劳苦，若有水旱之患，国家之深忧也。""今中国劳力，亦吴、蜀之所愿。此安危之机也，惟陛下虑之！"帝乃为之少有减省。陈群字长文，出自颍川陈氏，陈寔之孙，家学深厚。

秋八月，明帝立皇子芳为齐王，询为秦王。帝无子，芳、询皆养子，宫省事秘，无须知其由来。

丙辰（236年），冬十二月，司空陈群卒。群前后数陈得失，时人及其子弟莫能知，或讥群居位拱默。及曹芳即位，诏撰《名臣奏议》，乃见群谏事。东晋袁宏曰："故司空陈群则不然，谈论终日，未尝言人主之非；书数十上，外人不知。君子谓群于是乎长者矣。"余以为颍川陈氏、荀氏，家学深厚，建德如偷，又岂会在意俗议。

诏公卿举才德兼备者，司马懿举荐兖州刺史王昶。昶字文舒，太原晋阳人。昶为兄子及子作名、字，兄子默字处静，沈字处道，其子浑字玄冲，深字道冲，欲令其顾名思义，立身行己，遵儒者之教，履道家之言。且作诫子侄书（详见《三国志》），曰："夫物速成则疾亡，晚就则善终。朝华之草，夕而零落；松柏之茂，隆寒不衰。是以大雅君子恶速成，戒阙党（童子）也。"

2021年4月8日　上午记（魏纪）

丁巳（237年），冬，帝深疾浮华之士，诏吏部尚书卢毓（卢植之子）曰："选举莫取有名，名如画地作饼，不可啖也。"毓对曰："名不足以致异人而可以得常士，常士畏教慕善，然后有名，非所当疾也。今考绩之法废，而以毁誉相进退，故真伪浑杂，虚实相蒙。"帝纳其言。

司马光曰："为治之要，莫先于用人，而知人之道，圣贤所难也。是故求之于毁誉，则爱憎竞进而善恶混淆；考之于功状，则巧诈横生而真伪相冒。要之，其本在于至公至明而已矣。"

戊午（238年），春正月，遣太尉司马懿讨辽东公孙渊。秋八月，克辽东，斩公孙渊。

己未（239年），春正月，明帝崩，太子曹芳（齐王）即位，年八岁，是为魏少帝。曹爽、司马懿受遗辅政。

二月，以司马懿为太傅，以何晏为尚书。

夏，蜀以蒋琬为大司马。

辛酉（241年），吴太子登卒，立子和为太子。

2021年4月12日　下午记（魏纪）

甲子（244年），春三月，曹爽欲伐蜀以立威名于天下，将兵击汉中。闰月，汉主遣大将军费祎督诸军救汉中。夏五月，爽无功而还。

乙丑（245年），冬，蜀蒋琬、董允卒。费祎以陈祗代允为侍中，祗与黄皓相表里，皓始预政，累迁至中常侍，操弄威柄，终以覆国。

丁卯（247年），春二月，大将军曹爽用何晏等谋，迁太后于永宁宫。专擅朝政，多树亲党，屡改制度。太傅司马懿遂称疾，不与政事。

己巳（249年），春正月，少帝谒高平陵（魏明帝之墓），大将军爽与弟皆从。司马懿乘机诛曹爽及何晏等。初，宗室曹冏作论劝谏曰："古之王者，必建同姓以明亲亲，必树异姓以明贤贤。亲亲之道专用，则其渐也微弱；

贤贤之道偏任，则其敝也劫夺。先圣知其然也，故博求亲疏而并用之，故能保其社稷，历经长久。今魏尊尊之法虽明，亲亲之道未备，或任而不重，或释而不任……"爽不能用。

以司马懿为丞相。

庚午（250年），秋，吴主孙权废太子和，杀鲁王霸。冬十一月，吴主立子亮为太子。此事可比汉武废太子。

辛未（251年），夏四月，司马懿杀王凌。六月，杀楚王彪，尽录诸王公置邺，使有司察之，不得与人交关。

初，扬州都督王凌与其甥兖州刺史令狐愚，并典重兵，专淮南之任。凌与愚阴谋，以帝暗弱，制于强臣，闻楚王彪有智勇，欲共立之，迎都许昌。及事败，皆夷三族。

秋八月，司马懿卒，以其子师为抚军大将军、录尚书事。

冬十一月，吴主孙权病危，以诸葛恪（诸葛瑾之子）为大将军领太子太傅，有司诸事一统于恪，惟杀生大事，然后以闻。

壬申（252年），夏四月，吴主孙权卒，太子亮立，以诸葛恪为太傅。恪不欲诸王处滨江兵马之地，乃徙齐王奋于豫章（今江西南昌市），琅邪王休于丹阳（治今安徽宣城市）。

吴孙氏累世经营，根基深厚，士族大家为其所用。魏曹氏卑贱，根基浅薄，不修宗室，且少有效死命之家臣（曹操忌刻之故），故而受制于士族大家。

癸酉（253年），春正月，盗杀蜀大将军费祎。裴松之曰："刘禅凡下之主，费祎中才之相，二人存亡，固无关于兴丧。"余以为然也。

2021年4月14日　下午记（魏纪）

是岁，冬十月，吴孙峻与吴主亮杀诸葛恪，并夷三族。以峻为丞相、大将军，督中外诸军事，又不置御史大夫。废齐王奋为庶人，杀南阳王和。

甲戌（254年），春二月，司马师杀中书令李丰、太常夏侯玄及光禄大夫张缉，废皇后张氏。

初，司马懿卒，玄叹曰："此人（司马懿）犹能以通家年少遇我，子元（司马师）、子上（司马昭）不吾容也。"

秋九月，司马师废少帝芳为齐王，迎立高贵乡公髦。

乙亥（255年），春二月，司马师卒，以司马昭为大将军、录尚书事。

丙子（256年），春正月，蜀以姜维为大将军。

秋八月，吴孙峻卒，以其从弟綝为侍中、

武卫将军，都督中外诸军事。

丁丑（257年），夏四月，吴主亮始亲政事。孙綝表奏，多见难问。

扬州都督诸葛诞（诸葛亮从弟）素与夏侯玄等友善，及玄等死，诞内不自安。诞在扬州，得士众心，司马昭亦厌之。诞遂起兵讨司马昭，并遣使通吴。司马昭奉帝及太后讨诸葛诞。

蜀姜维闻魏分关中兵以赴淮南，欲乘虚向秦川，率数万人出骆谷（今陕西周至县西南），与魏司马望、邓艾相持于周至。时维承诸葛亮遗志，数出兵伐魏，蜀国虚耗，百姓愁苦。

戊寅（258年），春二月，司马昭拔克寿春，杀诸葛诞。蜀姜维闻诸葛诞死，退还成都。

夏五月，以司马昭为相国，封晋公。

秋九月，吴孙綝废吴主亮为会稽王，迎立琅邪王休。

冬十二月，吴主休杀孙綝，夷三族，发孙峻棺，取其印绶，斫其木而埋之。

2021年4月20日　上午记（魏纪）

庚辰（260年），夏五月，帝见威权日去，曰："司马昭之心，路人所知也。吾不能坐受废辱，今日当与卿自出讨之。"司马昭弑帝曹髦于南阙下，昭以太后令，罪状高贵乡公，废为庶人，葬以民礼。

初，帝髦曰："龙者，君德也，上不在天，下不在田，而数屈于井，非嘉兆也。"作《潜龙诗》以自讽，颇有诛昭之志。昔汉昭帝末宣帝初，宗室壮大，嫡系众多，霍光虽独揽大权，仅其一人耳，干强而枝弱也；东吴孙氏，峻、綝作乱，权柄却不旁落，宗室根深蒂固矣；今曹氏宗族衰弱，士族大家强盛，干弱而枝茂也，岂独归罪于司马氏一人一族。

夏六月，司马昭迎立常道乡公奂，曹氏名存实亡，天子代位而已。

辛巳（261年），冬十月，蜀以董厥、诸葛瞻（诸葛亮之子）为将军，共平尚书事。

时中常侍黄皓用事，厥、瞻皆不能矫正，士大夫多附之。秘书令郤正久在内职，与皓比屋，周旋三十余年，澹然自守，以书自娱，既不为皓所爱，亦不为皓所憎，故官不过六百石，而亦不罹其祸。时蜀汉否闭，士人进退难安，郤正守正持中，可以为后世法。

壬午（262年），司马昭杀名士嵇康。嵇康，文辞壮丽，好言老、庄而尚奇任侠，与阮籍、籍兄子咸、山涛、向秀、王戎、刘伶特相友善，号竹林七贤。皆崇尚虚无，轻蔑礼法，纵酒昏酣，遗落世事。

司马昭谕众曰："自定寿春已来，息役六年，治兵缮甲，以拟二虏（吴、蜀）。今吴地广大而下湿，攻之用功差难，不如先定巴、蜀；三年之后，因顺流之势，水陆并进，此灭虢取虞之势也。"乃以钟会都督关中军事，欲以伐蜀。

上午记（魏纪）

癸未（263年），秋，诏诸军大举伐汉。邓艾兵自狄道（治今甘肃临洮县西南）、甘松（今四川松潘县西南）、沓中（今甘肃舟曲县以西、岷县以南），以缀姜维；钟会兵从斜谷、骆谷、子午谷趣汉中。蜀姜维战败，还守剑阁（剑门关）。

邓艾自阴平（治今甘肃省文县西北）行无人之地七百余里，凿山通道，造作桥阁，奇取江油。诸葛瞻父子督诸军拒艾，死节。瞻子尚叹曰："父子荷国重恩，不早斩黄皓，使败国殄民，用生何为！"策马冒阵而死，武侯满门忠烈，感人落泪。

邓艾至成都，汉主刘禅出降，蜀汉亡，右蜀汉二帝共四十三年。

姜维等得汉主敕命，诣钟会降。

甲申（264年），春正月，诏以槛车征邓艾。钟会至成都，送艾赴京师（道死）。会遂独统大众，威震西土，决意谋反，起兵讨司马昭。事败，斩钟会及姜维。

三月，晋公司马昭进爵为王。封故汉主刘禅为安乐公。

秋七月，吴主孙休殂，乌程侯皓（权孙，和子）立。

冬十月，晋王司马昭立子炎为世子。

2021年4月25日　上午记（晋纪）

乙酉（265年），秋八月，晋王司马昭卒，谥号曰文，太子炎嗣。冬十二月，魏帝禅位于晋，司马炎即皇帝位，是为晋孝武皇帝，奉魏帝为陈留王。魏亡，右魏五主，共四十六年。

丙戌（266年），秋八月，武帝将谒崇阳陵（晋文帝墓），与群臣议"三年之丧"。

司马光曰："三年之丧，自天子达于庶人，先王礼经，百世不易者也。汉文师心不学，变古坏礼，绝父子之恩，亏君臣之义；后世帝王不能笃于哀戚之情，……晋武独以天性矫而行之，可谓不世之贤君。"余以为司马氏篡位大违忠义之道，既然有亏忠义，唯有诉诸孝道而制君臣之礼。

君、主多假借孝道，何也？以序君臣、上下之礼也。老子曰孝必曰慈，君父待臣子曰慈，臣子侍君父曰孝，孝慈相生，无慈不孝，自然而然也。今晋武曰孝不曰慈，岂非矫饰其愧言忠义乎？

丁亥（267年），春正月，立司马衷为太子。

己丑（269年），春二月，武帝有灭吴之志，以羊祜都督荆州诸军事，镇襄阳。

壬辰（272年），春二月，太子衷纳贾妃。贾（南风）妃，贾充之女，妒忌多权诈，太子婴而畏之。

癸巳（273年），夏四月，以邓艾孙朗为郎中。初，邓艾之死，人皆冤之，而朝廷无为之辨者。武帝问樊建（故蜀臣）以诸葛亮之治蜀，曰："吾独不得如亮者而臣之乎？"建曰："陛下知邓艾之冤而不能直，虽得亮，得无如冯唐之言乎！"帝笑曰："卿言起我意。"

丙申（276年），冬十月，以羊祜为征南大将军。祜上疏请伐吴，帝不从。司马氏于伐吴一事，颇显持重，候时待机，不贪速成之功。

戊戌（278年），夏六月，羊祜以病入朝，面陈伐吴之计，曰："孙皓暴虐已甚，于今可不战而克。若皓不幸而没，吴人更立令主，虽有百万之众，长江未可窥也，将为后患矣！"

冬十一月，羊祜卒，以杜预为镇南大将军、都督荆州诸军事。

己亥（279年），冬十一月，大举伐吴。

庚子（280年），春三月，王濬入石头城，吴主皓出降。吴亡，右吴四主，共五十九年。

朝廷闻吴已平，武帝流涕曰："此羊太傅之功也。"自亡蜀至今十余年，司马氏伐吴之志隐而不发，直至时机成熟，大军南下，不过数月，吴国土崩瓦解，司马氏之善战不亚于魏武。

夏四月，赐孙皓爵归命侯。遣使诣荆、扬，除吴苛政。

2021年4月29日　上午记（晋纪）

辛丑（281年），春三月，诏选吴伎妾五千人入宫。武帝既平吴，颇事游宴，怠于政事。

冬十月，鲜卑慕容涉归始寇昌黎（今辽宁义县）。自汉、魏以来，羌、胡、鲜卑降者，多处于塞内诸郡，渐为祸患。郭钦上疏曰："戎狄强犷，历古为患。宜及平吴之威，谋臣猛将之略，渐徙内郡杂胡于边地，峻四夷出入之防，明先王荒服之制，此万世之长策也。"帝不听。

甲辰（284年），春正月，尚书左仆射刘毅上疏论九品中正制八弊。水无常形，法无常法，因时制宜，才能吐故而纳新。

乙酉（289年），武帝依汉故事，鉴于秦、魏宗室薄弱之弊，众建诸王，拱卫中央。

遣诸王假节之国，督诸州军事。以汝南王亮，都督豫州诸军事，镇许昌；以秦王柬，都督关中诸军事；以楚王玮，都督荆州诸军事；淮南王允，都督扬、江二州诸军事。

子孙悉封王。立皇子乂为长沙王，颖为成都王，晏为吴王，炽为豫章王，演为代王，皇孙遹为广陵王。

以刘渊为匈奴北部都尉。渊轻财好施，倾心接物，五部豪杰、幽冀名儒多往归之。

刘渊，冒顿单于之后，左贤王刘豹之子。初，汉高祖以宗女为公主，以妻冒顿，约为兄弟，故其子孙遂冒姓刘氏。渊自幼博学经书，兼习武略。及长，为任子在洛阳，颇有才名，武帝因以为忌。之后，渊坐部人叛出塞，免官。成都王颖镇邺，表渊行宁朔将军、监五部军事。

庚戌（290年），夏四月，以杨骏（杨皇后之父）为太尉、太子太傅、都督中外诸军事、侍中、录尚书事。时杨骏、杨珧（尚书令）、杨济（卫将军）三兄弟权倾朝野，人称"三杨"。

武帝崩，太子衷即皇帝位，是为晋孝惠皇帝，尊皇后杨氏为皇太后，立妃贾氏为皇后。

上午记（晋纪）

辛亥（291年），春三月，贾后阴构杨骏谋反，又使楚王玮入朝，屯兵司马门。遂收杀骏、珧、济，夷三族。废太后为庶人，幽禁金墉城。

征汝南王亮为太宰，与太保卫瓘皆录尚书事。

夏六月，贾后杀太宰亮、太保瓘及楚王玮。贾后遂专朝，委任亲党。贾后淫壮，有姤之象（一阴遇五阳，众阳系一阴），有戒曰："勿取壮女"，其将必赴吕后之后尘。

丙辰（296年），秋八月，秦州（治今甘肃天水市）、雍州（治今陕西西安市）氐、羌悉后，立氐帅齐万年为帝，围泾阳（今甘肃平凉市西北）。冬十一月，诏以周处、夏侯骏讨齐万年。

丁巳（297年），春正月，梁王肜、夏侯骏掣肘周处，处战死。

秋九月，以王戎为司徒。戎为三公，与时浮沉，无所匡救，委事僚寀，轻出游放。戎从弟衍、澄，皆善清谈，宅心事外，名重当世，朝野之人，争慕效之。初，何晏等开清谈之风，好老庄，重虚无，轻名利，于是斯风渐盛。

2021年5月21日　上午记（晋纪）

己未（299年），将军孟观大破氐众于中亭（今陕西扶风县美阳），获齐万年。太子洗马江统以为戎、狄乱华，宜早绝其原，乃作《徙戎论》以警朝廷。

惠帝为人愚痴，有"何不食肉糜"典故佐证，故而王道尽失，权在群下，政出多门，贾（贾后）、郭（贾后母郭槐）恣横，货赂公行。

冬十二月，贾后废太子遹为庶人，幽禁于许昌，杀之。老子曰"不见可欲，使民心不乱"，今太子之位空悬，诸王所欲，天下将乱。

庚申（300年），夏四月，赵王伦假借太子之死，废贾后为庶人，杀之，尽诛其党羽。赵王伦自为相国，都督中外诸军事，一依宣、文辅魏故事。

2021年5月25日　上午记（晋纪）

辛酉（301年），春正月，赵王伦自称皇帝，迁惠帝于金墉城，杀太孙臧。党羽皆有封爵，下至奴卒，亦加爵位。每朝会，貂蝉盈坐，时人为之谚曰："貂不足，狗尾续。"

三月，齐王冏及成都王颖、河间王颙等，举兵讨伦。

夏四月，伦败，迎惠帝复位，伦伏诛。

六月，以齐王冏为大司马，辅政。成都王颖主动还镇邺城。齐王冏复赵王伦之故事。时各宗王并不就国，而是拥兵出镇，都督州郡军事，藩卫中央。

壬戌（302年），冬十二月，河间王颙檄长沙王乂讨冏，冏众大败，执冏斩之，同党皆夷三族。

癸亥（303年），秋七月，河间王颙、成都王颖举兵反。

九月，惠帝自将讨颖。颙将张方乘机入洛阳，大掠。

冬十月，长沙王乂奉帝还，与颖将陆机战，大破之。颖收杀陆机，机临死叹曰："华亭鹤唳，可复闻呼！"与秦李斯"东门黄犬之叹"遥相呼应，劝诫后人：否闭之世，君子当以俭德辟难，不可荣以禄。西晋行将就木，诸王作乱微不足道，才德不足为训，不如品察乱世诸贤处置进退。

甲子（304年），春正月，东海王越使颖将张方杀长沙王乂，颖入京师，自为丞相，寻还镇邺。

三月，河间王颙表颖为皇太弟，自为太宰、大都督、雍州牧。

秋七月，东海王越奉帝征颖。颖败之，迎帝入邺，越走归国。

幽州都督王浚与并州刺史东嬴公腾起兵讨颖。刘渊因说颖曰："今二镇跋扈，恐非宿卫及近郡士众所能御也，请为殿下还说五部，以赴国难。"渊遂归左国城（今山西吕梁市离石区东北），称大单于，有众五万，都于离石。

幽、并兵至邺，颖奉帝奔洛阳。刘渊曰："大丈夫当为汉高、魏武，呼韩邪何足效哉！"遂称汉王，迁都左国城，曰："昔汉有天下久长，恩结于民。吾，汉氏之甥，约为兄弟。兄亡弟绍，不亦可乎！"

冬十二月，河间王颙废太弟颖；更立豫章王炽为皇太弟。帝兄弟二十五人，时存者唯颖、炽及吴王晏。

丙寅（306年），冬十一月，帝中毒，崩。太弟炽即皇帝位，是为晋孝怀皇帝。晋司马氏立国不正，以致"八王之乱""五胡乱华"。

十二月，太傅越以诏书征河间王颙为司徒，颙乃就征，南阳王模遣其将邀杀之。

2021年6月3日　上午记（晋纪）

丁卯（307年），秋七月，以琅邪王睿为安东将军，都督扬州江南诸军事，镇建业。王导，字茂弘，琅邪王氏，素与睿相亲善。睿至建业，以王导为谋主，推心亲信，每事资焉，江东士人归心。

冬十二月，慕容廆自称鲜卑大单于。

慕容廆，鲜卑慕容部首领慕容涉归之子。初，因慕容鲜卑与宇文鲜卑结怨，廆入寇辽西，晋武帝遣将讨廆，数败廆众。廆谋于其众曰："吾先公以来世奉中国，且华裔理殊，强弱固别，岂能与晋竞乎？何为不和以害吾百姓邪！"乃遣使来降，遂拜为鲜卑都督。

廆以大棘城（今辽宁义县西北）即帝颛顼之墟也，乃移居之。教以农桑，法制同于中国。

及廆称大单于，子翰言于廆曰："求诸侯莫如勤王，自古有为之君靡不杖此以成事业者也。"廆从之。慕容部遂与晋互通，勤王讨逆，流民多归附焉。

及愍帝时，其将鲁昌说廆曰："今两京倾没，天子蒙尘，琅邪承制江东，实人命所系。""今宜通使琅邪，劝承大统，然后敷宣帝命，以伐有罪，谁敢不从！"廆从之。北方流亡士庶多襁负归之，廆接贤纳士，委以庶政。

并择名士引为宾友，其世子皝率国胄束脩受业焉。廆览政之暇，亲临听之，于是路有颂声，礼让兴矣。

戊辰（308年），汉王刘渊称帝于蒲子（治今山西隰县），以其子和为大将军，聪为车骑大将军，族子曜为龙骧大将军。

2021年6月7日　下午记（晋纪）

庚午（310年），秋七月，汉主渊卒，太子和立，其弟聪弑而代之。

氐酋蒲洪自称略阳公。蒲洪，略阳临渭（今甘肃秦安县东）氐人也，世为西戎酋长。始其家池中蒲生，长五丈，五节如竹形，时咸谓之蒲家，因以为氏焉。洪好施，多权略，骁武善骑射，群氐畏服之。属永嘉之乱，乃散千金，召英杰之士访安危变通之术。

辛未（311年），夏六月，汉将军呼延晏、石勒等入洛阳。杀太子诠，迁怀帝于平阳（汉都，今山西临汾市西南）。

壬申（312年），秋九月，怀帝被俘，众臣奉秦王业为皇太子，建行台于长安。

癸酉（313年），春二月，汉主聪弑怀帝于平阳。夏四月，怀帝凶问至长安，皇太子业即皇帝位，是为晋孝愍皇帝。

丙子（316年），冬十一月，汉刘曜入长安，愍帝出降。右西晋四帝，共五十二年。

2021年6月15日　上午记（东晋纪）

　　丁丑（317年），春三月，琅邪王睿依魏、晋故事，即晋王位。都江东建康，曰东晋。

　　立世子绍为王太子，王敦（导从兄）为大将军，王导为扬州刺史、都督中外诸军事、领中书监、录尚书事。永嘉之乱，北方涂炭，避乱江左者十有六七，导劝睿曰："谦以接士，俭以足用，用清静为政，抚绥新旧。"

　　刘琨遣温峤诣建康劝进，段匹磾、慕容廆亦遣使劝进。

　　温峤，字太真，司徒温羡之侄，河东太守温憺之子。大将军刘琨妻，峤之从母也。时寇盗群起，石勒、刘聪跨带疆场，琨以峤为之谋主。峤既至建康，具陈琨忠诚，辞旨慷慨，举朝瞩目，元帝器而喜焉。峤屡求反命，不许。之后，琨为段匹磾所害，峤遂归心江东。

　　冬十二月，汉主聪弑愍帝。

　　戊寅（318年），春三月，愍帝凶问至建

康，晋王睿即皇帝位，是为东晋元皇帝。立王太子绍为皇太子。

夏四月，加王导骠骑大将军、开府仪同三司。导使诸从事各言二千石官长得失，独顾和言曰："明公作辅，宁使网漏吞舟，何缘采听风闻，以察察为政邪！"导咨嗟称善。

秋七月，汉主聪卒，太子粲即位。以大司马曜为丞相，石勒为大将军，受遗诏辅政。八月，靳准弑粲而代之。刘氏男女，无少长皆斩东市。发渊、聪二陵，斩聪尸，焚其宗庙。冬十月，刘曜即皇帝位于赤壁，以石勒为大司马，加九锡，进爵为赵公。

2021年6月16日　上午记（东晋纪）

己卯（319年），春二月，石勒与汉主曜决裂。

夏四月，汉主曜还都长安。改国号为赵，以冒顿单于为祖。

冬十一月，石勒依汉昭烈在蜀、魏武在邺故事，即赵王位，是为后赵。以河内等二十四郡为赵国，以石虎为骠骑将军。

十二月，慕容廆迎击宇文氏，大败之。廆遣裴嶷诣建康献捷。

初，裴嶷为昌黎太守，兄武为玄菟太守。武卒，嶷乃将武子开送丧俱南。既达辽西，道路梗塞，乃与开投廆。开疑曰："段氏强，慕容氏弱，何必去此而就彼也！"嶷答曰："今欲求托足之地，岂可不慎择其人。汝观诸段，岂有远略，且能待国士乎！慕容公修仁行义，有霸王之志，加以国丰民安，今往从之，高可以立功名，下可以庇宗族，汝何疑焉！"时诸流寓之士见庶草创，并怀去就。嶷首定名分，为群士启行。庶甚悦，以嶷为长史，委以军国之谋。

及嶷至建康，风采卓然，元帝甚爱之，欲以之留江东。嶷对曰："臣少蒙国恩，出入省闼，若得复奉辇毂，臣之至荣。但以旧京沦没，山陵穿毁，虽名臣宿将，莫能雪耻，独慕容龙骧竭忠王室，志除凶逆，故使臣万里归诚。今臣来而不返，必谓朝廷以其僻陋而弃之，孤其向义之心，使懈于讨贼，此臣之所甚惜，是以不敢徇私而忘公也。"

此对言尽显裴嶷之大义。世人颇重三寸不烂之舌，以其言辞技巧纵横捭阖。岂知才德兼备，言辞自然达意而已。是故司马光因智伯之亡而论才德，以为才者，德之资也；德者，才之帅也；德胜才谓之君子；才胜德谓之小人。奈何世人舍本而逐末，去厚而处薄！

2021年6月18日　上午记（东晋纪）

庚辰（320年），冬十二月，元帝以谯王承为湘州刺史，是以宗亲出镇方面，防备王敦。

元帝之始镇江东也，敦与从弟导同心翼戴，帝亦推心任之，敦总征讨，导专机政，群从子弟布列显要，时人为之语曰："王与马，共天下。"后敦自恃有功，且宗族强盛，稍益骄恣，帝畏而恶之。乃引刘隗、刁协等以为腹心，稍抑损王氏之权，导亦渐见疏外。

辛巳（321年），秋七月，元帝以戴渊为征西将军，都督司、兖、豫、并、雍、冀六州诸军事，镇合肥；刘隗为镇北将军，都督青、徐、幽、平四州诸军事，镇淮阴。皆假节领兵，名为讨胡，实备王敦也。

九月，豫州刺史祖逖卒，以其弟约代之。祖逖与刘琨有"闻鸡起舞"的佳话，是当时义士。

2021年6月21日　上午记（东晋纪）

壬午（322年），春正月，王敦举兵反，分兵寇长沙。谯王承困，书于甘卓曰："足下能卷甲电赴，犹有所及；若其狐疑，则求我于枯鱼之肆矣。"卓不能从，承兵败城破死之。

三月，王敦据石头城，元帝令公卿百官诣石头见敦。敦收周颛、戴渊，杀之。夏四月，敦还武昌。

王导后料检中书故事，乃见颛救己之表，执之流涕曰："吾虽不杀伯仁，伯仁由我而死，幽冥之中，负此良友！"

初，敦反，刘隗与刁协劝元帝尽诛王氏，王导求援于周颛曰："伯仁，以百口累卿！"颛直入不顾。既见帝，言导忠诚，申救甚至；又上表明导无罪，言甚切至，导所不知。之后，敦欲杀颛，以问导，导默然许之，故而有此千古一叹。

周颛固然有君子不市义的美德，而王导、

264 -

王彬一心辅佐司马氏而不逾越，为琅邪王氏的延续种下善因。

冬十一月，元帝崩，太子绍即皇帝位，是为东晋明皇帝，王导受遗诏辅政。

《资治通鉴》曰："元帝恭俭有余而明断不足，故大业未复而祸乱内兴。"余以为司马氏立国不正，自为堕落，以致八王、五胡之乱；司马睿以恭俭立国，接纳士族，绥抚江东，苟延晋祚，足可称智矣。晋与士族门阀同根而生，至于王敦之乱，乃其性命之所归。夫复妄言以区区江东而北复中国，君不见刘渊、石勒之铁马未衰，慕容氏、苻坚之大纛已立，见险而能止，亦智矣哉！

2021年6月24日　上午记（东晋纪）

甲申（324年），夏六月，明帝加王导大都督、扬州刺史，都督诸军讨敦。

秋七月，明帝亲征，兵至江宁南岸，大破敦军。敦闻败，病笃，寻卒。遂众溃，敦党羽皆伏诛。

其间，温峤立场不定，与王敦暧昧不清，却依然从容进退，足见晋室对于士族的依赖与忌惮。

乙酉（325年），秋七月，明帝崩，太子衍即皇帝位，是为东晋成皇帝。帝幼冲，庾太后临朝称制。以王导录尚书事，与中书令庾亮（庾太后兄）、尚书令卞壸参辅朝政，然事之大要皆决于亮。

丙戌（326年），夏六月，以郗鉴领徐州刺史；王导称疾不朝，而私送郗鉴。卞壸奏"导亏法从私，无大臣之节，请免官。"虽事寝不行，举朝惮之。壸裁断切直，当官干实，

266 -

性不弘裕，不肯苟同时好，故为诸名士所少。壶有曰："诸君子以道德恢弘，风流相尚，执鄙吝者，非壶而谁！"

冬十月，庾亮杀南顿王宗，免太宰西阳王羕。初，王导辅政，以宽和得众；及庾亮用事，任法裁物，颇失人心；今又剪黜宗室，由是更失远近之心。成帝闻宗死，泣曰："舅言人作贼，便杀之；人言舅作贼，当如何！"

丁亥（327年），冬，庾亮强征苏峻为大司农，峻曰："我宁山头望廷尉，不能廷尉望山头。"遂与祖约反。

温峤欲率众下卫建康，庾亮报峤书曰："吾忧西陲（陶侃），过于历阳（苏峻），足下无过雷池（大雷水，今安徽望江县）一步也。"

戊子（328年），春正月，温峤入救建康，军于浔阳（今江西九江市）。

二月，卞壶都督大桁东诸军事，及峻战于西陵，大败。壶力疾苦战而死，二子亦战死。其母抚尸哭曰："父为忠臣，子为孝子，夫何恨乎！"

庾亮奔浔阳，峻兵犯阙，挟持幼帝。

夏五月，温峤邀陶侃讨苏峻，苏峻闻之，迁帝入石头城。

秋七月，后赵攻寿春，祖约众溃，奔

历阳。

九月，陶侃、温峤大败峻于石头城，斩之。峻弟逸代领其众，负隅顽抗而已。

冬十二月，后赵主勒大破赵兵于洛阳，杀赵主曜。赵太子熙奔上邽（今甘肃天水市），后赵取长安。

2021年6月30日　**上午记（东晋纪）**

己丑（329年），春二月，陶侃等诸军入石头城，斩苏逸。群臣迎帝，苏峻、祖约（奔后赵）之乱平。

夏四月，温峤卒，以刘胤为江州刺史。

秋八月，后赵石虎攻拔上邽，杀赵太子熙，赵亡。秦、陇悉平，蒲洪等俱降后赵。

冬十二月，将军郭默杀刘胤。

庚寅（330年），二月，后赵王勒称赵天王，以石虎为太尉，封中山王。

夏五月，陶侃从容取郭默，侃遂还巴陵，因移镇武昌。

陶侃相继平定苏峻、郭默之乱，武功一时无二。更难得的是，侃位极人臣，固守损益之道，功成而身退。成帝因其桓文之勋，策谥曰桓，祠以太牢，永纪其德。

秋九月，赵王勒称皇帝。

赵臣有曰："陛下神武谋略过于汉高。"

勒曰："人岂不自知！卿言太过。朕若遇汉高祖，当北面事之，与韩、彭比肩；若遇光武，当并驱中原，未知鹿死谁手。大丈夫行事，宜磊磊落落，如日月皎然，终不效曹孟德、司马仲达欺人孤儿、寡妇，狐媚以取天下也。"石勒一介草莽，其自知之明令人称道，言语中尽显苍莽英雄的豪气，端的是一个坦荡的汉子。

然而，石勒、刘渊皆二世而败，何也？以其德薄基浅而求速成，固必疾亡也。余观乱世诸人，王导、陶侃可以为君子法，石勒、刘渊可以为君子戒。

老子曰："大道甚夷，而人好径。"天道垂教，乾坤易简；易简而行，可久可大；可久则贤人之德，可大则贤人之业。是以大雅君子恶速成，戒阙党童子。

上午记（东晋纪）

癸巳（333年），夏五月，辽东公慕容廆卒，世子皝嗣。

秋七月，赵主勒卒，太子弘立。

甲午（334年），冬十一月，赵石虎弑其主弘，自立为居摄赵天王。

乙未（335年），秋九月，赵王虎迁都于邺。初，赵主勒奉佛，及虎即位，奉之尤谨。虎诏曰："朕生自边鄙，忝君诸夏，至于飨祀，应从本俗。其夷、赵百姓乐事佛者，特听之。"

戊戌（338年），冬十月，晋光禄勋颜含致仕。含有曰："年在天，位在人，修己而天不与者，命也；守道而人不知者，性也；自有性命，无劳蓍龟。"致仕二十余年，年九十三而卒。

辛丑（341年），春二月，成帝封慕容皝为燕王，以图剪赵。

壬寅（342年），夏六月，成帝崩，二子皆在襁褓，母弟琅邪王岳即皇帝位，是为东晋康皇帝。

　　癸卯（343年），秋七月，诏议经略中原。庾翼遣使东约燕王皝，西约张骏，共伐赵。

　　甲辰（344年），春，征西将军庾翼使梁州刺史桓宣击赵兵于丹水（今河南淅川县西），败绩。

　　秋九月，康帝崩，太子聃即位，是为东晋穆皇帝。以会稽王昱为抚军大将军，辅政。

上午记（东晋纪）

乙巳（345年），秋八月，江州都督庾翼卒，以徐州刺史桓温都督荆、司、雍、益、梁、宁六州诸军事。何充曰："荆楚，国之西门，户口百万。北带强胡，西邻劲蜀，地势险阻，周旋万里。得人则中原可定，失人则社稷可忧，陆抗所谓'存则吴存，亡则吴亡'者也，岂可以白面少年当之哉！桓温英略过人，有文武器干。西夏之任，无出温者。"

丙午（346年），冬十一月，桓温将伐蜀李势（初，李势父李寿弑君自立，国号曰汉），将佐皆以为不可。江夏相袁乔曰："夫经略大事，固非常情所及，智者了于胸中，不必待众言皆合也。今为天下之患者，胡、蜀二寇而已。蜀虽险固，比胡为弱，将欲除之，宜先其易者。李势无道，臣民不附，且恃其险远，不修战备。宜以精卒万人轻骑疾趋，比其觉之，我已出其险要，可一战擒也。"温从之。

丁未（347年），春三月，桓温平汉（蜀）。

戊申（348年），秋八月，朝廷论平蜀之功，加桓温征西大将军、开府仪同三司，封临贺郡公。温既灭蜀，威名大振，朝廷惮之。会稽王昱以扬州刺史殷浩有盛名，朝野推服，乃引为心膂，与参综朝权，欲以抗温。

九月，燕王皝卒，世子儁立。

己酉（349年），春正月，赵王虎称皇帝。夏四月，虎卒，太子世即位。其兄遵弑之而自立。

冬十一月，赵石鉴弑其主遵而自立。

庚戌（350年），春闰正月，赵石闵杀鉴，并杀赵主虎三十八孙，尽灭石氏。闵即皇帝位，国号大魏，复姓冉氏。闵石虎之养孙也。父瞻，本姓冉，名良，魏郡内黄（今河南内黄县）人也。其先汉黎阳骑都督，累世牙门。勒获瞻，时年十二，命石虎子之。闵幼而果锐，虎抚之如孙。

蒲洪自称三秦王，改姓苻氏。

夏四月，秦王苻洪卒，子健立。之后，秦王健称帝。

2021年7月10日　上午记（东晋纪）

辛亥（351年），桓温闻石氏乱，上疏屡求北伐，诏书不听。冬十二月，温拜表辄行，率众顺流而下，军于武昌，朝廷大惧。

高崧为会稽王昱草书曰："寇难宜平，时会宜接。此实为国远图，经略大算，能弘斯会，非足下而谁？但以比兴师动众，要当以资实为本；运转之艰，古人所难，不可易之于始而不熟虑。顷所以深用为疑，惟在此耳。""然异常之举，众之所骇，苟或望风振扰，一时崩散，则望实并丧，社稷之事去矣。吾与足下，虽职有内外，安社稷，保家国，其致一也。当先思宁国而后图其外。"温即上疏，惶恐致谢，回军还镇。

壬子（352年），夏四月，燕慕容恪等击魏，大破之，杀其主闵。

殷浩之北伐也，王羲之以书止之，不听。既而无功，复谋再举。羲之遗浩书曰："今以区区江左，天下寒心，固已久矣。力争武功，非所当作。自顷处内外之任者，未有深谋远虑，而疲竭根本，各从所志，竟无一功可论，遂令天下将有土崩之势。"

冬十一月，燕王儁称皇帝。

甲寅（354年），春正月，殷浩连年北伐，师徒屡败，粮械都尽。桓温因朝野之怨，上疏数浩之罪，请废之。朝廷不得已，免浩为庶人，徙之信安。自此内外大权一归于温矣。

浩与温自幼相知，年少齐名。温自少豪侠，文武兼备，略胜一筹，而浩心不甘其后。浩既废黜，温将以浩为尚书令，以书告之，浩竟以空函答复，其中深意恐只有当事二人可知。

2021年7月11日　上午记（东晋纪）

　　是岁，二月，桓温率师千里伐秦。

　　夏四月，桓温大败秦兵于蓝田，进军霸上（今陕西西安市东），三辅皆降。

　　北海王猛，博学好兵书，谨重严毅，气度雄远，细事不干其虑，自不参其神契，略不与交通，是以浮华之士咸轻而笑之。猛悠然自得，不以屑怀。猛闻桓温入关，披褐诣之，扪虱而谈当世之务，旁若无人。温异之，问曰："吾奉天子之命，将锐兵十万为百姓除残贼，而三秦豪杰未有至者，何也？"猛曰："公不远数千里，深入敌境。今长安咫尺而不渡霸水，百姓未知公心，所以不至。"温嘿然无以应，徐曰："江东无卿比也！"乃署猛军谋祭酒，猛辞不就。

　　六月，温师还。王猛一语中的，桓温千里伐秦，未知其心。

　　丁卯（355年），夏六月，秦王健卒，太

子生立。

丙辰（356年），春正月，拜温征讨大都督，以讨姚襄（羌酋姚弋仲之子）。秋八月，败姚襄于伊水，遂入洛阳，修谒诸陵，至戌而还。

丁巳（357年），夏六月，秦苻坚弑其君生，自立为天王。坚招王猛，一见如旧友，语及时事，坚大悦，自谓如刘玄德之遇诸葛孔明也。

己未（359年），冬十二月，秦王坚以王猛为辅国将军。猛时年三十六，岁中五迁，权倾内外；人有毁之者，坚辄罪之，于是群臣莫敢复言。

庚申（360年），春正月，燕王儁卒，太子暐立。以慕容恪为太宰，专录朝政。

秋八月，桓温请谢安为司马，安乃东山再起，温深礼重之。谢安少有重名，前后征辟，皆不就，寓居会稽，尝游娱于东山（今浙江绍兴市上虞区）。

辛酉（361年），穆帝崩，琅邪王丕即位，是为东晋哀皇帝。

2021年8月10日　上午记（东晋纪）

壬戌（362年），春二月，燕吕护攻洛阳，桓温遣兵救之。温因上疏请迁都洛阳。孙绰曰："温今此举，诚欲大览始终，为国远图；而百姓震骇，同怀危惧，岂不以反旧之乐赊，而趋死之忧促哉！"

王述曰："温欲以虚声威朝廷耳，非事实也；但从之，自无所至。"事果不行。

秋七月，燕师引还。

癸亥（363年），夏五月，加桓温大司马、都督中外诸军事、录尚书事。温以王坦之（太原王氏）为长史，又以郗超（高平郗氏）为参军，王珣（琅邪王氏）与谢玄（陈郡谢氏）皆为掾属。

乙丑（365年），春二月，哀帝崩，琅邪王奕即位。

燕慕容恪、慕容垂共攻洛阳，将军沈劲死之。

沈劲，吴国内史沈充之子，其父死于王敦逆乱，劲因沦为刑家；劲年三十余，以刑家不得仕，志欲立功以雪旧耻。司马光曰："沈劲可谓能子矣！耻父之恶，致死以涤之，变凶逆之族为忠义之门。《易》曰：'干父之蛊，用誉。'"

　　《易》又曰："有子，考无咎，厉终吉。"父考有过失，若有子嗣传承遗志，纵老死而无咎，虽凶厉而终吉。沈劲舍生取义，涤尽旧耻，自然可敬，然为人父者，闻之，岂不痛哉！岂不悔为父之过哉！

　　君、父皆以孝道而制臣、子，却不言孝之源何。老子曰孝必曰慈，父慈子必孝，道家谓之相生，佛家谓之因果，独君、父求孝而不与慈乎！

丁卯（367年），春二月，燕慕容恪卒，临终遗言于燕主曰："吴王垂文武兼资，管、萧之亚。陛下若任以大政，国家可安。不然，秦、晋必有窥觎之计。"

己巳（369年），夏四月，大司马桓温率师伐燕。秋七月，温兵至枋头（今河南浚县西南）。

燕遣使请救于秦，许赂以虎牢以西之地。秦王坚犹豫不决，王猛密言于坚曰："燕虽强大，慕容评（燕太傅）非温敌也。若温举山东，进屯洛邑，收幽、冀之兵，引并、豫之粟，观兵崤、渑，则陛下大事去矣。今不如与燕合兵以退温；温退，燕亦病矣，然后我承其弊而取之，不亦善乎！"坚从之。

九月，桓温战数不利，粮储复竭，又闻秦兵将至，奔还。

冬十一月，燕慕容垂威名益振，太傅慕容

评忌而害之，慕容垂出奔秦。初，秦王坚闻太宰恪卒，阴有图燕之志，惮垂威名，不敢发。及闻垂至，大喜，郊迎，乃以垂为冠军将军。

十二月，秦遣王猛等伐燕，攻取洛阳。

庚午（370年），夏六月，秦王坚复遣王猛督诸军伐燕。

秦兵长驱而东，冬十月，围燕都邺。

十一月，秦王坚会猛入邺，燕亡，诸州牧守及六夷渠帅尽降于秦。以王猛为使持节、都督关东六州诸军事、冀州牧，镇邺。

2021年8月13日　下午记（东晋纪）

辛未（371年），冬十一月，桓温废帝奕为东海王，迎会稽王昱入即位，是为东晋简文皇帝。秦王坚闻温废立，谓群臣曰："温前败霸上，后败枋头，不能思愆自贬以谢百姓，方更废君以自说，六十之叟，举动如此，将何以自容于四海乎！谚曰：'怒其室而作色于父。'其桓温之谓矣。"

壬申（372年），秋七月，简文帝崩，太子昌明即位，是为东晋孝武皇帝。桓温望简文帝临终禅位于己，不尔便当居摄。温疑王坦之、谢安所为，心衔之。

八月，秦丞相王猛至长字，复加都督中外诸军事。猛辞让，秦王坚曰："朕方混一四海，非卿谁可委者？卿之不得辞宰相，犹朕不得辞天下也。"

猛为相，坚端拱于上，百官总己于下，军国内外之事，无不由之。猛刚明清肃，善恶著白，放黜尸素，显拔幽滞，劝课农桑，练习军旅，官必当才，刑必当罪。由是国富兵强，战无不克，秦国大治。坚敕太子宏、长乐公丕等曰："汝事王公，如事我也。"

2021年8月14日　上午记（东晋纪）

癸酉（373年），春二月，大司马温来朝。或云欲诛王坦之、谢安，因移晋祚。坦之慌张失态，而安谈笑自若。此间多有演义之嫌，类于王猛金刀计构陷慕容垂，自《晋书》起，笔法浮夸之风盛矣。然谢安风流才干，名重江左应不作假。

秋七月，大司马桓温卒，以其弟桓冲都督扬、豫、江州军事。冲既代温居任，尽忠王室，或劝冲诛除时望，专执时权，冲不从。

甲戌（374年），春二月，以王坦之为都督徐、兖、青三州诸军事。诏谢安总中书。安好声律，期功之丧，不废丝竹，士大夫效之，遂以成俗。王羲之劝以清谈误国，安对曰："秦任商鞅，二世而亡，岂是清谈致患邪！"清谈误国实乃俗见，国家自有命数，东晋国祚，苟且而已，岂是人力可改。

乙亥（375年），秋七月，秦丞相王猛

卒，猛遗言曰："晋虽僻处江南，然正朔相承，上下安和，臣没之后，愿勿以晋为图。鲜卑、西羌，我之仇敌，终为人患，宜渐除之，以便社稷。"坚比敛，三临哭，谓太子宏曰："天不欲使吾平一六合耶！何夺吾景略之速也！"葬之如汉霍光故事。

丙子（376年），秋七月，秦攻凉州，凉主母泣曰："秦主以一州之地，横制天下，东平鲜卑，南取巴、蜀，兵不留行，所向无敌。汝若降之，犹可延数年之命。今以蕞尔一隅，抗衡大国，又杀其使者，亡无日矣！"及秦兵临姑臧，凉主张天锡降。

冬十一月，秦北击代，代亡，是时，秦四方略定，唯余江南偏安一隅。

戊寅（378年），秋九月，秦王坚宴群臣，以极醉为限。秘书侍郎赵整作《酒歌》以诚之。坚大悦，命整书之以为酒戒，自是宴群臣，礼饮而已。何为礼饮？《礼记》曰："君子之饮酒也，受一爵而色酒如也，二爵而言言斯，礼已三爵而油油以退。"故而《左传》有言曰："臣侍君宴，过三爵，非礼也。"

十二月，秦御史中丞李柔劾奏："长乐公丕等拥众十万，攻围小城，日费万金，久而无效，请征下廷尉。"秦王坚曰："丕等广费无成，实宜贬戮；但师已淹时，不可虚返，其特原之，令以成功赎罪。"遣使持节切让丕等，赐丕剑曰："来春不捷，汝可自裁，勿复持面见吾也！"

己卯（379年），春二月，秦长乐公丕克襄阳。

壬午（382年），冬十月，秦王坚会群臣于太极殿以议伐晋，坚力排众议，一意孤行。符融劝谏曰："今伐晋有三难：天道不顺，一也；晋国无衅，二也；我数战兵疲，民有畏敌之心，三也。""陛下宠育鲜卑、羌、羯，布满畿甸，……此属皆我之深仇，臣惧有不虞之变生于腹心肘掖，不可悔也。臣之顽愚，诚不足采；王景略一时英杰，陛下常比之诸葛武侯，独不记其临没之言乎！"

苻融所谓三难，正是昔日司马氏伐吴之所思。初司马昭取蜀，大有顺江东下一举灭吴之势，而司马氏隐而不发，内养庶民，外俟吴衅，十数年后而轻取东吴。

若王猛在世，以司马氏伐吴之事说苻坚，劝其修养元元以化秦德，处置诸夷以绝后患；且晓之以文王之德，宁做周文王勿做周武王，非其不争，待养大时矣！则秦一统天下或未可知也。今苻坚即鹿无虞，唯入于林中，几不如舍，往必穷齐。

2021年8月14日　下午记（东晋纪）

　　癸未（383年），秋八月，秦王坚大举伐晋。谢安坐镇中枢，以谢石为征讨大都督，谢玄为前锋都督，率诸将拒之。

　　冬十一月，谢石、谢玄等大破秦军于淝水，杀秦大将苻融。苻坚从投鞭断流的踌躇满志，到出师不利望得八公山（今安徽寿县东北，淝水之北）上草木皆兵，再到全军溃败时的风声鹤唳，不过一岁而已。

　　诸军皆溃，坚以千余骑赴慕容垂。垂亲党多劝垂杀坚，垂皆不从，曰："彼以赤心投命于我，若之何害之！天苟弃之，何患不亡？"垂又曰："吾昔为太傅所不容，置身无所，逃死于秦，秦主以国士遇我，恩礼备至。后复为王猛所卖（金刀计），无以自明。秦主独能明之，此恩何可忘也！"悉以兵授坚。十二月，秦王坚归至长安。

　　北方枭雄前有刘渊、石勒，后有苻坚、慕

容垂，若不计夏夷之别，皆是行事磊落的大丈夫。或曰苻坚败在重信义少诈术，君不见曹操、司马懿以阴诈狐媚取天下，前者落得鸠占鹊巢的笑柄，后者更是家族残灭祸乱华夏。岂不如苻坚所言曰："若天命有废兴，固非智力所能移也。"

良禽择木而栖，诸葛亮、王猛，如此高士，倾心相投，鞠躬尽瘁；君臣相择，足见刘备、苻坚皆乃重情重义之君。故曰："大丈夫立足于天地，正其位凝其命而已。"

2021年8月18日　下午记（东晋纪）

甲申（384年），春正月，慕容垂以洛阳四面受敌，欲取邺而据之，引兵东至荥阳，垂乃称燕王，是为后燕。

夏四月，姚苌起兵北地，自称秦王，是为后秦。

乙酉（385年），春正月，燕慕容冲称帝于阿房，是为西燕。

夏五月，西燕攻长安，秦王坚奔五将山（今陕西麟游县）。六月，西燕主冲入长安。

秋七月，后秦围五将山，执秦王坚杀之。苻丕即位，称帝于晋阳。

自此北方复乱，司马光以为苻坚败在常胜而骄。子曰："亡者，保其存者也"，"（君子）存而不忘亡"。《易》曰："其亡其亡，系于苞桑。"

丙戌（386年），春正月，拓跋珪复立为

代王（初，秦王坚灭代），徙都盛乐（今内蒙古和林格尔县西北）。夏四月，代王珪改称魏王。

2021年8月19日　下午记（东晋纪）

　　戊子（388年），春正月，谢玄卒。桓冲、谢安、谢玄相继离世，江左亦如北方陷入乱局。

　　丙申（396年），秋九月，贵人张氏弑武帝于清暑殿，太子德宗即位，是为安皇帝。会稽王道子进位太傅。

　　丁酉（397年），夏四月，王国宝、王绪依附司马道子，王恭、殷仲堪上表罪状国宝，举兵讨之。诏诛国宝、绪，遣使诣恭，深谢愆失，恭等乃罢兵还镇。

　　王国宝、王绪欲攀附司马道子，谋取富贵，却不知安帝犹且自危，何况司马道子乎！自安帝即位以来，内外乖异，石头以南皆为荆（殷仲堪）、江（桓玄）所据，以西皆豫州（庾楷）所专，京口及江北皆王恭（刘牢之）及广陵相高雅之所制，朝廷所行，唯三吴（吴兴、吴郡、会稽）而已。

壬寅（402年），桓玄举兵反，春三月，入建康，自为太尉、都督中外诸军事，总百揆。

癸卯（403年），秋九月，桓玄自为相国，封楚王。

桓谦（玄之从弟）私问彭城内史刘裕曰："楚王勋德隆重，朝廷之情，咸谓宜有揖让，卿以为何如？"裕曰："楚王，宣武（桓温）之子，勋德盖世。晋室微弱，民望久移，乘运禅代，有何不可？"

冬十一月，楚王玄称皇帝，废安帝为平固王，迁于浔阳（今江西九江市）。

2021年8月20日　　**上午记（东晋纪）**

甲辰（404年），春二月，刘裕、刘毅、何无忌等起兵讨桓玄。夏五月，玄败，伏诛，安帝复位。

乙巳（405年），春正月，后秦主姚兴以鸠摩罗什为国师。

鸠摩罗什，天竺人，自幼出家，博览经论，专以大乘为化，诸学者皆共师焉。年二十，龟兹王迎之还国，广说诸经，西域诸国咸伏罗什神俊。

秦王苻坚闻之，遣将军吕光率兵七万，西伐龟兹，携罗什还。光至凉州，闻苻坚已为姚苌所害，于是窃号河西，自称凉州牧。

后秦主兴西伐吕隆（吕光之子），乃迎罗什，待以国师之礼，入西明阁及逍遥园，译出众经。罗什尝讲经于长安草堂寺，兴及朝臣、沙门千有余人肃容观听。

己酉（409年），夏四月，刘裕北伐南燕

慕容超。

庚戌（410年），春二月，刘裕拔广固（南燕都，今山东青州市西北），执南燕主超，送建康斩之。刘裕遂携北伐之威，回师平定诸乱，兼并地方。

乙卯（415年），夏五月，太尉刘裕剑履上殿，入朝不趋，赞拜不名。

丙辰（416年），春正月，加太尉刘裕都督二十二州军事。二月，加裕中外大都督，戒严将伐秦。

秋八月，裕发兵建康。以刘穆之领军司，总摄内外；将军王镇恶（王猛之孙）、檀道济将步军自淮、泗向许（许昌）、洛（洛阳）。

刘穆之内总朝政，外供军旅，决断如流，事无拥滞。王镇恶、檀道济入秦境，所向皆捷。

冬十月，檀道济克洛阳。

2021年8月25日　上午记（东晋纪）

丁巳（417年），王镇恶乘利径趋潼关。春二月，檀道济、王镇恶会兵于潼关。

夏四月，太尉刘裕入洛阳。

刘裕伐秦，魏主嗣犹豫不知所从，崔浩以为刘裕必克秦，曰："今西有屈丐（赫连勃勃），北有柔然，窥伺国隙。""陛下虽有精兵，未睹良将，诸将用兵，非裕敌也。兴兵远攻，未见其利，不如且静以待之。裕克秦而归，必篡其主。关中华、戎杂错，风俗劲悍；裕欲以荆、扬之化施之函秦，此无异解衣包火，张罗捕虎……愿且按兵息民以观其变，秦地终为国家之有，可坐而守也。"浩又曰："臣尝私论近世将相之臣：若王猛之治国，苻坚之管仲也；慕容恪之辅幼主，慕容晞之霍光也；刘裕之平祸乱，司马德宗之曹操也。"

崔浩，字伯渊，清河（今河北故城县）人。少好文学，博览经史。玄象阴阳，百家之言，无不关综，研精义理，时人莫及。拓跋珪善浩才，与军国大谋，甚为宠密。浩究览天人，政事筹策，时莫之二，此其所以自比于子房也。

秋八月，王镇恶率水军自河入渭（渭河于潼关北入黄河），大破秦兵，遂入长安，秦主泓降，后秦亡。

冬十二月，太尉刘裕东还，以次子义真为都督雍、梁、秦三州诸军事。

戊午（418年），冬十一月，夏王赫连勃勃陷长安，刘义真归逃。

冬十二月，宋公裕（太尉裕宋公之命）以谶云“昌明（武帝）之后尚有二帝”，乃弑安帝而立琅邪王德文，是为东晋恭皇帝。

庚申（420年），夏六月，宋公裕废恭帝为零陵王，称皇帝。立子义符为太子。是岁，东晋亡，右东晋十一帝，共一百零四年。

南北朝：南朝，自晋传宋，宋传齐，齐传梁，梁传陈；北朝，自诸国并于魏，后分为西魏、东魏，东魏传北齐，西魏传后周，后周并北齐而传之隋。隋灭陈，然后南北合一。

2021年8月28日　上午记（南北朝）

辛酉（421年），秋九月，宋主刘裕弑零陵王于秣陵。自魏武帝以来，皆立国不正，斯德不济，故心难自安。

宋豫章太守谢瞻卒。时瞻弟晦权遇已重，瞻尝谓晦曰："吾家素以恬退为业，不愿干豫时事，交游不过亲朋。而汝遂势倾朝野，此岂门户之福邪！"及宋主裕即位，晦以佐命功，位任益重，瞻愈忧惧。

壬戌（422年），夏五月，宋主裕殂，太子义符即位。司空徐羡之，中书令傅亮，将军谢晦、檀道济受顾命。宋主裕临终遗太子言曰："檀道济虽有干略，而无远志、难御之气也。徐羡之、傅亮，当无异图。谢晦数从征伐，颇识机变，若有同异，必此人也。"谢晦出自陈郡谢氏，基宇深厚，不免为人主所忌。晦若无王导、谢安之自知，则必有王敦、桓玄之遗恨。

魏主嗣立子焘为皇太子，监国。魏主嗣不豫，问崔浩身后之计，浩曰："今宜早建东宫。选贤公卿以为师傅，左右信臣以为宾友；入总万机，出抚戎政。皇子焘年将周星，明睿温和，立子以长，礼之大经，若必待成人然后择之，倒错天伦，则召乱之道也。"长孙嵩亦曰："立长则顺，置贤则人服；焘长且贤，天所命也。"帝从之，立焘为皇太子，使之居正殿临朝，为国副主。以长孙嵩、奚斤、安同为左辅，坐东厢，西面；崔浩、穆观、丘堆为右弼，坐西厢，东面；百官总己以焉，帝避居西宫，时隐而窥之，听其决断，大悦，曰："以此六人辅相太子，吾与汝曹巡行四境，伐叛柔服，足以得志于天下矣。"

嵩实姓拔拔，斤姓达奚，观姓丘穆陵，堆姓丘敦。是时，魏之群臣出于代北者，姓多重复，及高祖迁洛，始皆改之。旧史患其繁杂难知，故皆从后姓以就简易。

2021年8月30日　上午记（南北朝）

　　癸亥（423年），冬十一月，魏主嗣殂，太子焘立。

　　魏起天师道场于平城（治今山西大同市东北）东南。司马光曰："老、庄之书，大指欲同死生，轻去就。而为神仙者，……其为术正相戾矣。""崔浩不喜佛、老之书而信（寇）谦之之言，其故何哉！"

　　甲子（424年），春正月，时徐羡之等已密谋废宋主义符，而次立者应在义真，乃因庐陵王义真与宋主有隙，废其为庶人。

　　夏五月，宋徐羡之、傅亮、谢晦弑其主，迎立宜都王义隆，杀前庐陵王义真。

　　丙寅（426年），宋主义隆以杀二王之罪，先后诛杀徐羡之、傅亮、谢晦。

　　自《晋书》起，史家叙事则多浮夸演义，记人则多附鬼神怪力，以致前后因果悖乱，令人目眩，斯于乱世不足怪哉，且平心而观之。

2021年8月31日　下午记（南北朝）

丁卯（427年），冬十一月，晋征士陶潜卒。陶潜，字元亮，陶侃之曾孙也。尝著《五柳先生传》以自况曰："先生不知何许人，不详其姓字，宅边有五柳树，因以为号焉。闲静少言，不慕荣利。好读书，不求甚解；每有会意，欣然忘食。……环堵萧然，不蔽风日；短褐穿结，箪瓢屡空，晏如也。常著文章自娱，颇示己志。忘怀得失，以此自终。"其自序如此，时人谓之实录。

庚午（430年），春三月，宋遣将军到彦之等伐魏。宋告魏主曰："河南旧是宋土，中为彼所侵，今当修复旧境，不关河北。"魏主大怒曰："我生发未燥，已闻河南是我地。此岂可得！必若进军，今当权敛戍相避，须冬寒地净，河冰坚合，自更取之。"

秋七月，魏河南诸军退屯河北，宋到彦之等取河南。

冬十月，魏攻洛阳、虎牢，取之。

十一月，魏攻滑台（今河南滑县），宋遣檀道济救滑台。

到彦之等败还，皆下狱免官。彦之之北伐也，甲兵资实甚盛；及其败还，委弃荡尽，府藏、武库为之空虚。

辛未（431年），春二月，魏克滑台，檀道济引兵还。

丙子（436年），春三月，宋主义隆杀檀道济。道济立功前朝，威名甚重，左右腹心并经百战，诸子又有才气，朝廷疑畏之。帝久疾不愈，恐宫车一日晏驾，道济不复可制，遂杀之。

己卯（439年），秋九月，魏克凉。凉州自张氏（张骏）以来，号为多士。凉主沮渠牧犍尤喜文学，以敦煌阚骃为姑臧太守，张湛为兵部尚书，刘昞、索敞、阴兴为国师助教，金城宋钦为世子洗马，赵柔为金部郎，广平程骏、骏从弟弘为世子侍讲。魏主克凉州，皆礼而用之，由是，魏之儒风始振。

魏主焘命崔浩监秘书事，综理史职；以高允参典著作。浩启称："阴仲达、段承根，凉土美才，请同修国史。"皆除著作郎。

庚辰（440年），宋主义隆羸疾积年，心劳辄发，屡至危殆；彭城王义康专总朝权，势倾远近，朝野辐凑，内外众事皆专决施行。领军刘湛欲倚义康之重以倾之，义康权势已盛，湛愈推崇之，无复人臣之礼，上浸不能平。冬十月，宋主以义康权重，危及社稷，收诛刘湛及其党羽；遣人宣旨告义康以湛等罪状，义康上表逊位，诏以义康为江州刺史。沙门慧琳谓义康曰："恨公不读数百卷书！"

乙酉（445年），冬十二月，宋范晔谋反，伏诛。范晔通史明理，受重于宋主，其反志令人不解。前有剪除四位顾命大臣，后有刘义康党谋逆，其中细节颇多不合情理，情况恐多有矫伪。

2021年9月3日　　上午记（南北朝）

丙戌（446年），春三月，崔浩劝魏主除沙门，魏主从之。

秋七月，宋以杜坦为青州刺史。坦为宋主言南朝士族门阀之弊，曰："日磾（金日磾）假生今世，养马不暇，岂办见知！"又曰："臣本中华高族，晋氏丧乱，播迁凉土，世业相承，不殒其旧；直以南度不早，便以荒伧赐隔。日磾，胡人，身为牧圉，乃超登内侍，齿列名贤。圣朝虽复拔才，臣恐未必能也。"

庚寅（450年），夏六月，魏崔浩因国史案被诛。其中细节难经推敲，包括崔浩劝魏主除沙门皆是可疑，余以为崔浩之死或是缘于党争。

秋七月，宋大举北伐。九月，魏主自将救之，所过无不残灭，自河南渡淮，径直南下，饮马长江，虎视建康，宋军民震惧。

冬十二月，魏及宋平（参考《春秋》"宋人及楚人平"）。

2021年9月6日　上午记（南北朝）

辛卯（451年），春三月，魏主还平城（治今山西大同市东北）。魏人凡破南兖、徐、兖、豫、青、冀六州，杀掠不可胜计，所过郡县，赤地无余，春燕归，巢于林木。宋自此役，邑里萧条，国政衰败。

夏六月，魏太子晃卒。

壬辰（452年），春二月，魏中常侍宗爱弑其君焘，立南安王余。

冬十月，魏宗爱弑其君余，魏主濬立。讨爱，诛之。

魏建佛图，听民出家。

魏行《玄始历》。初，魏入中原，用《景初历》，拓跋焘克凉，得赵𣇈《玄始历》，时人以为密，是岁，始行之。

癸巳（453年），春二月，宋主刘义隆欲废太子劭。太子劭弑其君义隆。

夏四月，武陵王骏举兵讨劭，劭伏诛，骏立。

戊戌（458年），春二月，魏主濬以高允为中书令。允好切谏，朝廷事有不便，允辄求见，帝常屏左右以待之。或自朝至暮，或连日不出，群臣莫知其所言。帝谓群臣曰："汝等虽执弓刀在朕左右，徒立耳，未尝有一言规正；唯伺朕喜悦之际，祈官乞爵，今皆无功而至王公。允执笔佐我国家数十年，为益不少，不过为郎，汝等不自愧乎！"乃拜允中书令。

游雅有言贬崔浩而褒高允，岂非一朝天子一朝臣也哉！

甲辰（464年），夏闰五月，宋主骏殂，太子子业即位。

2021年9月7日　上午记（南北朝）

乙巳（465年），魏主濬殂，太子弘立。初，拓跋焘经营四方，国颇虚耗，重以内难，朝野楚楚；拓跋濬嗣之，与时消息，静以镇之，怀集中外，民心复安。

冬十一月，宋人弑其君子业，湘东王彧立。时宋主子业畏忌诸父（湘东王彧、建安王休仁、山阳王休祐），恐其在外为患，皆聚之建康，拘于殿内。

丁未（467年），春正月，魏取宋淮北四州（青、冀、徐、兖）及豫州淮西地。

秋八月，宋遣将军萧道成镇淮阴。道成收养豪俊，宾客始盛。

戊申（468年），秋七月，宋以萧道成为南兖州刺史。

辛亥（471年），魏主弘好黄、老、浮屠之学，淡泊富贵，常有遗世之心。秋八月，魏主弘传位于太子宏，诏曰："朕希心玄古，志存淡泊，爰命储宫践升大位，朕得优游恭己，栖心浩然。"依汉高祖故事，自称太上皇。

魏太上皇弘徙居崇光宫，崇光宫在北苑中，又建鹿野浮屠于苑中之西山，与禅僧居之。

宋主或以故第为湘宫寺，备极壮丽；欲造十级浮屠而不能，乃分为二。南北朝尚佛之风可见一斑。

壬子（472年），夏四月，宋主或殂，太子昱立。诏以萧道成为右卫将军，领卫尉，参与机事。

丁巳（477年），秋七月，宋萧道成弑其君昱，而立安成王准。

己未（479年），夏四月，宋萧道成称皇帝，国号曰齐，废宋主准为汝阴王。

五月，齐主道成弑汝阴王，复行宋武帝刘裕故事。

壬戌（482年），春三月，齐主道成殂，太子赜立。

壬申（492年），春正月，魏主宏命群臣议行次。

中书监高闾议，曰："帝王莫不以中原为正统，不以世数为与夺、善恶为是非。故桀、纣至虐，不废夏、商之历；厉、惠至昏，无害周、晋之录。晋承魏为金，赵承晋为水，燕承赵为木，秦承燕为火。秦之既亡，（北）魏乃称制玄朔；且魏之得姓，出于轩辕；臣愚以为宜为土德。"

秘书丞李彪、著作郎崔光等议，曰："神元（拓跋先祖）与晋武往来通好，至于桓、穆，志辅晋室，是则司马祚终于郏鄏，而拓跋受命于云代。昔秦并天下，汉犹比之共工，卒继周为火德；况刘、石、苻氏，地编世促，魏承其弊，岂可舍晋而为土邪？"群臣皆请从彪等议，帝从之，诏承晋为水德。

春二月，魏修尧、舜、禹、周公、孔子之祀，并除魏旧制。

癸酉（493年），秋七月，齐主赜殂，太孙昭业立。

九月，魏迁都洛阳。魏主宏有高志，移风易俗，加速夏夷融合，又假借伐齐之名，迁都洛阳，以便经略四海。刘渊、石勒、苻坚皆武功卓绝，而不免败亡，其因不在武功而在文治；时五胡入夏，兴衰交替，威而不服，故文治之重贵在合德，德合乃通，通乃孚，孚乃立。

南朝自萧齐代宋，已如迟暮老妪，步履蹒跚，苟延残喘。而北朝在魏孝文帝治下，革新除旧，移风易俗，加速文化融合。

2021年9月8日　上午记（南北朝）

甲戌（494年），秋七月，齐西昌侯鸾弑其君昭业而立新安王昭文。之后，鸾废其主昭文而自立。时魏人曰："江南多好臣，岁一易主；江北无好臣，百年一易主。"

九月，魏主宏改革考绩，黜陟百官。魏主宏谓陆睿曰："北人每言'北俗质鲁，何由知书！'然今知书者甚众，顾学与不学耳。朕修百官，兴礼乐，其志固欲移风易俗。使卿等子孙渐染美俗，闻见广博。"对曰："诚如圣言。金日磾不入仕汉朝，何能七世知名！"

王肃，琅邪临沂人。肃少而聪辩，涉猎经史，颇有大志。初仕齐，北奔魏。魏主宏与之言，不觉促席移晷。肃器遇日隆，人莫能间，帝谓之相得恨晚。

魏主宏禁胡服，立国子太学，亲文雅之士；制礼作乐，蔚然可观，有太平之风焉。

丙子（496年），春正月，魏改姓元氏，

初定族姓。魏主下诏曰："北人谓土为拓，后为跋。魏之先出于黄帝，以土德王，故为拓跋氏。夫土者，黄中之色，万物之元也；宜改姓元氏。诸功臣旧族自代来者，姓或重复，皆改之。"于是其余北姓皆有所改。

戊寅（498年），秋七月，齐以萧衍为雍州刺史。齐主鸾殂，太子宝卷立。史记宝卷淫奢无度，大起宫殿以麝香涂壁，刻画装饰，穷极绮丽。凿金为莲花以帖地，令其妃行其上，曰："此步步生莲花也。"

己卯（499年），夏四月，魏主宏殂，太子恪立。

辛巳（501年），春三月，齐南康王宝融废其君宝卷而自立。

壬午（502年），夏五月，齐萧衍废其主宝融，称皇帝，国号曰梁。

丙戌（506年），夏四月，魏罢盐池之禁。

魏御史中尉甄琛表称："一家之长必惠养子孙，天下之君，必惠养兆民，未有为人父母而吝其醯醢，富有群生而榷其一物者也。今县官鄣护河东盐池而收其利，是专奉口腹而不及四体也。""乞弛盐禁，与民共之。"

录尚书事萧飖、尚书邢峦奏，以为："琛之所陈，坐谈则理高，行之则事阙。……圣人敛山泽之货，以宽田畴之赋；收关市之税，以助什一之储。取此与彼，皆非为身，所谓资天地之产，惠天地之民也。今盐池之禁，为日已久，积而散之，以济军国……然自禁盐以来，有司多慢，出纳之间，或不如法。是使细民嗟怨，负贩轻议，此乃用之者无方，非作之者有失也。……一行一改，法若弈棋，参论理要，宜如旧式。"

魏主恪卒从琛议。余以为魏主恪之仁乃妇人之仁，非大君之德也。自周厉王初行专利之政，专山林川泽之利，至汉武帝行盐铁专营之政，岂独为与民争利焉。余善勰、峦之议，以为专利之弊乃用之者无方，非作之者有失也。

己丑（509年），冬十一月，魏主恪亲讲佛书。时魏主专尚释氏，不事经籍，中书侍郎裴延儁上疏曰："陛下升法座，亲讲大觉，凡在瞻听，尘蔽俱开。然《五经》治世之模楷，应务之所先，伏愿经书互览，孔、释兼存，则内外俱周，真俗斯畅矣。"魏主恪尚佛一如汉元帝崇儒，有损王道。

乙未（515年），春正月，魏主恪殂，太子诩立。

2021年9月13日　上午记（南北朝）

戊申（528年），春正月，魏太后胡氏弑其主诩，而立临洮王世子钊。

三月，魏尔朱荣举兵晋阳（治今山西太原市西南）。夏四月，至河阳（治今河南孟州市西），立长乐王子攸，以荣为都督中外诸军事，封太原王。

荣执太后胡氏及幼主钊，送至河阴（治今河南洛阳市孟津区东北），沉河。荣乃请帝循河西至淘渚（孟津），引百官于行宫西北，纵兵杀之，自丞相高阳王雍、司空元钦、义阳王略以下，死者二千余人。遂入洛阳。

庚戌（530年），秋九月，魏主子攸诛尔朱荣及其党羽。之后，魏主几经废立，元（拓跋）氏政权崩坏。

甲寅（534年），冬十月，魏高欢立清河王世子善见于洛阳，是为东魏。十一月，东魏迁都于邺。

乙卯（535年），春正月，魏宇文泰立南阳王宝炬于长安，是为西魏。

2021年9月13日　下午记（南北朝）

丁卯（547年），春正月，东魏大丞相高欢卒，世子澄嗣。大行台侯景自念已与高氏有隙，内不自安，遂以河南降于西魏。

二月，侯景复以河南叛附于梁，梁封景为河南王。

戊辰（548年），秋八月，梁侯景反于寿阳（今安徽寿县）。

冬十月，临贺王正德叛，引侯景兵渡江，兵至慈湖（今安徽当涂县北），建康大骇。萧正德引侯景围台城（今江苏南京市内）。

己巳（549年），春三月，梁侯景陷台城。夏五月，梁主衍殂，太子纲立。

秋八月，盗杀东魏大将军高澄于邺，其弟洋代之。

庚午（550年），夏五月，东魏高洋称皇帝于邺，国号曰齐，是为北齐。

辛未（551年），秋八月，宇宙大将军侯

景废梁主纲，杀太子大器，而立豫章王栋。冬十月，景废梁主栋，自称汉帝。

壬申（552年），春二月，梁湘东王绎遣王僧辩、陈霸先讨侯景。夏四月，景伏诛。冬十一月，梁主绎立，即位于江陵。

甲戌（554年），冬，西魏遣师伐梁，入江陵，执梁主绎，杀之。西魏立梁王詧为帝，即位于江陵，是为后梁，称臣于西魏。

乙亥（555年），春二月，梁晋安王方智入建康，在王僧辩、陈霸先的拥护下，即梁王位。

夏五月，北齐立萧渊明为梁主，送渊明归建康，即皇帝位，改立梁王方智为太子。

秋九月，梁陈霸先杀王僧辩，废主渊明。冬十月，复立方智，称藩于北齐。

丙子（556年），冬十月，西魏大冢宰宇文泰卒，世子觉嗣。十二月，觉自为周公。

丁丑（557年），春正月，西魏宇文觉称天王，是为北周。秋九月，周大冢宰宇文护弑其君觉，而立宁都公毓。

右魏十三主，合一百四十九年，而分为东、西魏，东魏一主，凡十七年，西魏三主，合二十二年。

冬十月，梁陈霸先称皇帝，国号曰陈。南朝自内而败，分为后梁、陈，行将就木矣。

2021年9月14日　上午记（南北朝）

己卯（559年），夏五月，齐主洋杀魏宗室二十五家，以为汉光武中兴是诛诸刘不尽。六月，齐主洋尽灭元氏之族。

权臣篡位，宗亲相残，新主戕害旧主，自西晋大开先河以来，南北朝犹有过之。《易》曰："臣弑其君，子弑其父，非一朝一夕之故，其所由来者渐矣。"是时，国君更迭无常，一言带过。

甲申（564年），秋九月，北周追录佐命元功，封陇西公李昞为唐（唐即晋州，今山西临汾市）公。

戊子（568年），秋七月，北周隋（隋即隋郡，今湖北随州市）公杨忠卒，子坚嗣。大冢宰宇文护欲引坚为腹心，坚以为两姑（权臣与君主）之间难为妇，固辞之。

丙申（576年），冬十月，周主邕自将伐齐。

丁酉（577年），春正月，周主邕入齐都邺，执齐主纬及太子恒，北齐亡。

戊戌（578年），夏五月，周主邕伐突厥，有疾而还。六月，殂，太子赟立。

庚子（580年），夏五月，周主赟殂，太子阐立，尊皇后杨氏为皇太后，以隋公杨坚为大丞相，都督中外诸军事。

辛丑（581年），春二月，周主阐禅位，杨坚即皇帝位，是为隋文帝，北周亡。隋文帝依周、齐故事，尽灭宇文氏之族。既窃大宝，不除旧主，何以心安？

甲辰（584年），陈主叔宝起临春、结绮、望仙三阁，作《玉树后庭花》等曲。

丁未（587年），秋九月，隋灭后梁。

戊申（588年），隋文帝曰："我为民父母，岂可限一衣带水不拯之乎！"春三月，隋下诏伐陈，命晋王广为行军元帅，率师伐陈。

己酉（589年），春正月，隋军入建康，执其主叔宝，陈亡。

2021年9月16日　上午记（隋纪）

　　昔前秦苻坚、北魏拓跋宏，皆雄才大略之上主，犹未一统天下；杨坚窃承宇文氏之遗资，才德平庸之中主，却成一统之功，顺天应命而已。观南北朝乱世，再品班彪《王命论》，更有味哉。窦融正位顺命而得始终；隗嚣失位逆命而不得善终；南陈后主陈叔宝，若使其勤勉知耻，徒留史书清名而已，于事无补。

　　南北朝文风浮华，治书侍御史李谔上书曰："魏之三祖，崇尚文词，忽君人之大道，好雕虫之艺，遂成风俗。江左、齐、梁，其弊弥甚：竞一韵之奇，争一字之巧；连篇累牍，不出月露之形，积案盈箱，唯是风云之状。世俗以此相高，朝廷据兹擢士。""至如羲皇、舜、禹之典，伊、傅、周、孔之说，不复关心，何尝入耳。……指儒素为古拙，用词赋为君子。故文笔日繁，其政日乱，良由弃大圣之轨模，构无用以为用也。"

戊午（598年），冬十月，废太子勇为庶人。十一月，立晋王广为皇太子。

甲子（604年），秋七月，太子广弑帝而自立，是为隋炀帝。杀故太子勇。

冬十一月，炀帝如洛阳，以为东京。

己巳（609年），春正月，改东京为东都。

辛未（611年），春二月，炀帝自将击高丽，征兵天下。时百姓穷困，相聚为盗。邹平（今山东邹平市）人王薄、漳南（今河北故城县东北）人窦建德、鄃（今山东夏津县）人张金称、蓚（今河北景县南）人高士达等起兵。

2021年9月19日　　**上午记（隋纪）**

癸酉（613年），春三月，炀帝复自将击高丽。

夏六月，杨玄感（杨素之子）与李密起兵黎阳，乘机围东都。炀帝引兵还，遣宇文述等击杨玄感。

秋八月，杨玄感败死，李密亡走。

甲戌（614年），春二月，炀帝再征天下兵伐高丽。秋七月，高丽遣使请降。

乙亥（615年），秋八月，炀帝巡北边，突厥始毕可汗入寇，围帝于雁门（今山西代县）。九月，乃解。

丙子（616年），冬十月，翟让、李密起兵攻荥阳。初翟让、单雄信、徐世勣、王伯当等聚于瓦岗（今河南滑县东南），李密亡归。

丁丑（617年），夏五月，唐公李渊起兵太原。初，唐公渊娶窦氏，生四男，建成、世民、玄霸、元吉。渊遣刘文静与突厥始毕可汗相结，同时乘李密在河南牵制隋军之机，引兵直趋关中。

秋九月，李渊率诸军济河，关中士民归之者如市。渊遣建成守潼关以备东方兵，世民徇渭北。

冬十一月，李渊克长安。渊立代王侑即皇帝位（隋恭帝），遥尊炀帝为太上皇。渊自为大丞相，封唐王。以建成为唐世子，世民为秦公，李元吉为齐公。

戊寅（618年），春三月，宇文化及弑炀帝于江都（今江苏扬州市），立秦王浩。

炀帝尝自比陈叔宝，又引镜自照曰："好头颈，谁当斫之？"昔日汉成帝画纣醉踞妲己图曰："纣为无道，至于是乎？"德衰国败，非朝夕之故，由来已久矣，夫亡国之罪岂独归于一君乎！

夏五月，恭帝禅位于唐，唐王渊即皇帝位，隋亡。立世子建成为皇太子，世民为秦王，元吉为齐王。

无柳先生传

（代后记）

先生不知何许人也，庐舍边无柳树，因以为号焉。沉静简约，不慕虚荣。好学，不为章句，训诂通而已。不汲汲于富贵，不戚戚于贫贱，不改天真以媚俗。自有下度：非圣哲之书不好也；非其意，虽贵人不事也。

性天真，恶矫伪，与世俗大相径庭。然而有高志，不贪速成之功，唯求长久之业。人皆笑我愚，我笑曰："尔以蝉翼为重，千钧为轻，又岂知吾之贞正！"

黔娄之妻有言："邪而有余，不如正而不足也。"其言兹若人之俦乎？天道固不足，人心贪有余，不如抱残守缺，简易而行，乐哉乐哉！

今搁笔于此，晦养数年，再行续笔。

张　浩

2022年6月20日